AF576324

Barbey d'Aurevilly et Schelling

Daniel Cohen éditeur

www.editionsorizons.fr

Philosophie, une collection dirigée par Jad Hatem

Partout où l'on annonce à grands cris la fin de la métaphysique et là même où l'on croit pouvoir enterrer en silence la libre pensée, c'est l'homme en la totalité de son être et en sa dimension de transcendance qui est en péril. Rien, d'une certaine manière, n'est plus vulnérable qu'elle car elle est tout l'homme. Elle s'expose à la déchéance car la liberté est son essence.

Insulté par Agamemnon, Achille est sur le point de s'emporter et de tuer son rival quand Athéna, venue l'apaiser, se place derrière lui et le retient par la chevelure. Il se retourne et la reconnaît seulement pour lui. La main qui guérit la passion est en même temps la main qui dessille les yeux. Par la conversion qu'elle opère, la sagesse est vision de l'invisible. « Nous sommes tous », dit Plotin, « comme une tête à plusieurs visages tournés vers le dehors, tandis qu'elle se termine vers le dedans par un sommet unique. Si l'on pouvait se retourner ou si l'on avait la chance d'avoir les cheveux tirés par Athéna, on verrait à la fois Dieu, soi-même et l'être universel ».

ISBN : 978-2-296-08814-6

© Orizons, Paris, 2012

Jad Hatem

Barbey d'Aurevilly et Schelling

2012

Dans la même collection

Monique Lise Cohen, *Récit des jours et veille du livre*, Orizons, 2008.
Jad Hatem, *La poésie de l'extase amoureuse, Shakespeare et Louise Labé*, Orizons, 2008.
Jad Hatem, *L'art comme autobiographie de la subjectivité absolue, Schelling, Balzac, Henry*, Orizons, 2009.
Jad Hatem, *Rupture d'identité et roman familial*, Orizons, 2011.
Monique Lise Cohen, *Emmanuel Lévinas et Henri Meschonnic, résonnances prophétiques*, Orizons, 2011.
Riccardo Di Giuseppe, *Le Voyage de Paraménide*, Orizons, 2011.

Quelques livres de Jad Hatem

Mal et transfiguration, coll. « Extasis », Cariscript, Paris, 1987.
L'écharde du mal dans la chair de Dieu, « Extasis », Cariscript, Paris, 1987.
L'inversion du maître et du serviteur, coll. « La philosophie en commun », L'Harmattan, Paris, 2001.
La gloire de l'Un. Philoxène de Mabbourg et Laurent de la Résurrection coll. « Théologie plurielle », L'Harmattan, 2003.
Christ et intersubjectivité chez Marcel, Stein, Wojtyla et Henry, coll. « La Philosophie en commun », Paris, 2004.
Le Sauveur et les viscères de l'Être. Sur le gnosticisme et Michel Henry coll. « Théologie plurielle », L'Harmattan, 2004.
Semer le Messie selon Fondane poète, La Part de l'Œil, Bruxelles, 2004.
Mystique et philosophie mêlées, coll. « Théologie plurielle », L'Harmattan, 2005.
Éléments de théologie politique, coll. « Théologie plurielle », L'Harmattan, 2005.
Hallaj et le Christ, coll. « Théologie plurielle », L'Har mattan, 2006.
Marx, philosophie du mal, coll. « La philosophie en commun », L'Har mattan, Paris, 2006.
Théologie de l'oeuvre d'art, mystique et messianisme. Thérèse d'Avila, Andreï Roublev, Michel Henry, coll. « donner raison », éditions Lessius, Bruxelles, 2006.
La poésie de l'extase amoureuse, Shakespeare et Louise Labé, coll. Athéna-Philosophie, Orizons, 2008.
Phénoménologie de la création poétique, L'Harmattan, 2008.
L'Art comme autobiographie de la subjectivité absolue, Schelling, Balzac, Henry, coll. La Main d'Athéna-Philosophie, Orizons, 2009.

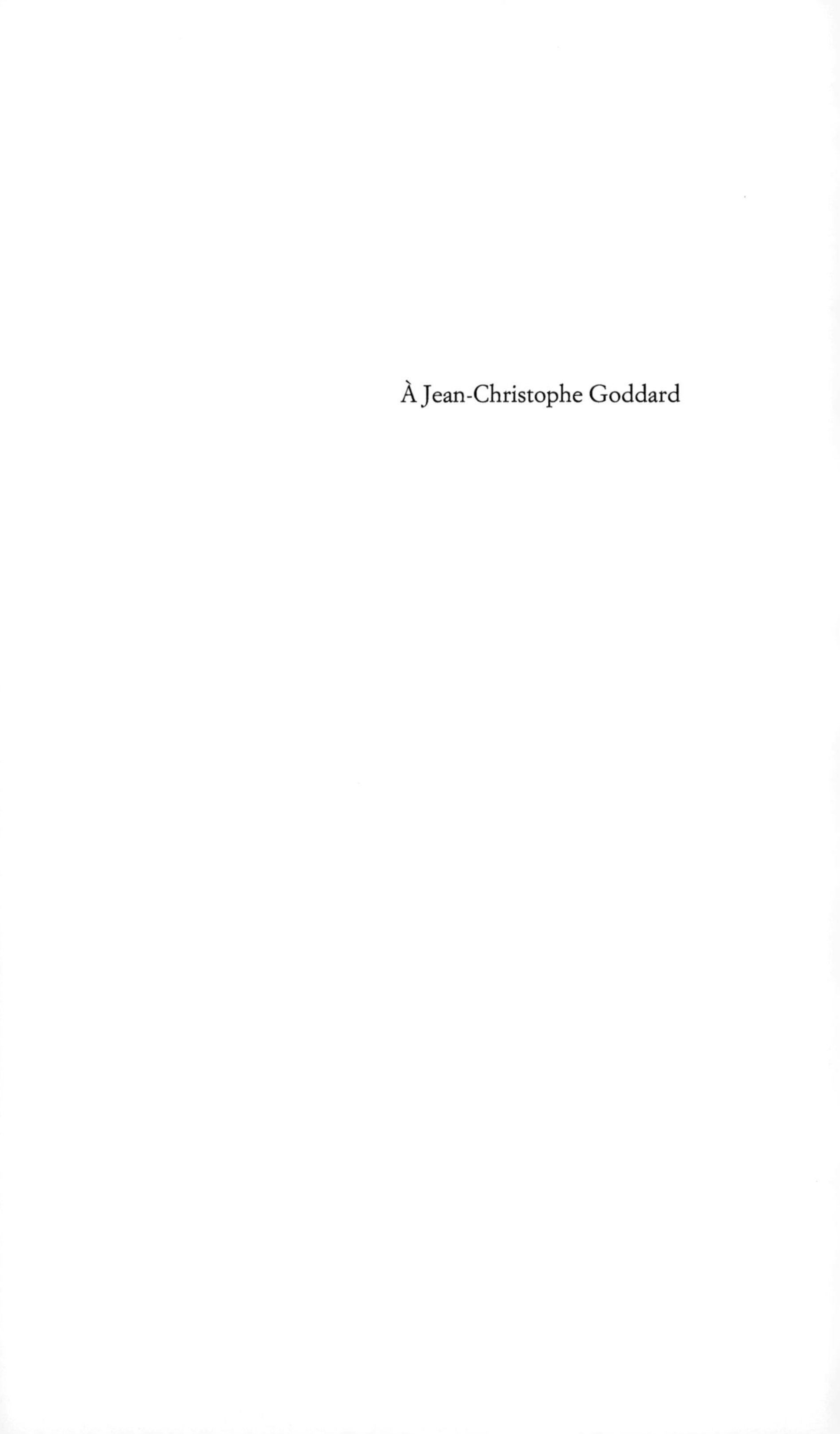
À Jean-Christophe Goddard

« L'Enfer ne me plaît pas, auquel je me suis offert ;
Le Paradis n'est mien, car au Seigneur j'ai guerre ».

Rutebeuf,
Le Miracle de Théophile.

Avant propos

> « Révélez le secret diabolique ou divin ! » (Jean de la Varende, *L'Homme aux gants de toile*).

Très jeune, Jules Barbey a rencontré Schelling. Il écrit à Trebutien le 23 août 1833 au sujet d'un article qu'il commit naguère sur la poésie : « Parmi quelques jeunes gens de l'École Normale, mon système avait paru une conséquence des idées de Schelling et de Hegel, et moi je ne crois point à l'absolu des Allemands »[1]. Il n'est pas trop arbitraire de conjecturer que le jeune théoricien avait tenté d'assigner la poésie au domaine de la métaphysique. Quel fut son absolu, il n'est pas aisé de le savoir. Le certain est qu'il n'a pas dédaigné de se draper dans une toge de philosophe car c'est la dignité qu'il s'attribue sous l'immodeste nom d'Altaï dans *Amaïdée*, son long poème en prose de 1835.

1. Barbey d'Aurevilly, *Correspondance générale*, I, Besançon, Les Belles Lettres, 1980, p. 26.

Il s'est demandé un jour, à l'orée d'un de ses articles intitulé *Shakespeare et... Balzac* : « Pourquoi ces deux noms réunis ? »[2] Les raisons en sont innombrables. Elles ne font pas mine de se presser dans le cas de l'appariement que j'envisage, ce qui explique que nul n'y a jamais songé. Le présent essai a pour première ambition de faire figurer le génial penseur allemand dans la galerie des maîtres du considérable romancier et critique éminent — en dépit de sa défiance à l'endroit de la philosophie, « cette Satanette » (II, p. 1630)[3], ce « dissolvant terrible »[4]. Non certes au centre, ni même dans l'entourage immédiat des trois figures tutélaires que furent Byron, Balzac et Joseph de Maistre. Cependant, quand bien même elle serait périphérique, la place qu'il conviendra de lui assigner ne laisserait pas d'être remarquable.

L'examen de l'influence de Schelling, parfois nettement décelable, permet d'arrêter les contours de la conception aurevillienne de la création poétique et surtout de clarifier, dans l'œuvre romanesque, le caractère dialectique de la relation qui

2. *L'Œuvre critique*, IV, Paris, Les Belles Lettres, 2009, p. 819.
3. Les *Œuvres romanesques complètes* de Barbey sont citées dans l'édition de la Pléiade procurée par Jacques Petit, Gallimard, tome I : 1964, tome II : 1966.
4. Barbey, *Femmes et moralistes*, Paris, Lemerre, 1906, p. 34. On croirait entendre la voix terrible de Luther, plutôt que celle d'un écrivain catholique. Ce sont les tenants du siècle des Lumières qui sont visés par la philippique.

met aux prises le bien et le mal, ce qui, on en conviendra, est de quelque importance. La deuxième ambition consistera à proposer une lecture schellingienne de l'œuvre du romancier sur base non plus seulement d'empreinte, mais aussi d'affinités spirituelles (je n'irai pas jusqu'au cousinage de sentiments). Je m'impose cette restriction que je renonce à envisager toute l'œuvre de Schelling pour me concentrer en priorité sur les documents que Barbey a convoqués et ceux qu'il a certainement connus.

Ce n'est guère au mépris de la chronologie ou par respect pour l'ordre alphabétique que le nom de l'homme de lettres figure en premier dans le titre. J'ai tenu par là à marquer que c'est à lui que le livre est consacré. Il n'en demeure pas moins qu'il se propose également comme une contribution à l'étude de la réception de Schelling en France[5].

5. Cf. Jean Quillien (éd.), *La Réception de la philosophie allemande en France aux* XIXe *et* XXe *siècles,* Presses Universitaires de Lille, Lille, 1994.

Chapitre I
La racine commune du bien et du mal

« Les meilleures épées (celles qui flamboient aux mains des archanges) sont tordues. Il en est de même de nos âmes » (Barbey d'Aurevilly).

I

En feuilletant les deux cahiers de notes de Barbey publiés sous le titre *d'Omnia* à l'occasion du bicentenaire de sa naissance[1], je suis tombé en arrêt devant la phrase suivante : « Les passions auxquelles notre morale négative fait la guerre sont issues d'une même racine avec les vertus qui y correspondent. L'âme de toute haine, c'est

1. Paris, Grasset, 2008. Dorénavant : O. Procuré par Andrée Hirschi et Jacques Petit, un autre volume de Barbey portant le même titre a été publié en 1970 à Paris par les Belles Lettres.

l'amour et la colère » (O, p. 87). J'ai reconnu une de ces sentences lapidaires et profondes qui émaillent les *Recherches philosophiques sur l'essence de la liberté humaine* que Schelling publia en 1809. Joël Dupont, éditeur du texte et signataire de la préface et des notes, n'y a pas découvert la frappe du philosophe et a fortiori identifié texte et contexte. Aucune remarque ne vient prévenir que le lecteur ne doit pas s'imaginer avoir affaire à un propos de l'auteur des *Diaboliques*. Pourtant Schelling était nommé dans les paragraphes précédents. En outre, telle qu'elle se présente, la phrase ne laisse pas d'intriguer puisqu'elle met l'amour et la colère sur le même pied. Veut-on suggérer que la haine est issue de leur combinaison ? Tel n'est pourtant pas le sentiment de Schelling.

Ayant identifié l'auteur, il ne m'a pas été difficile de remonter à la source de Barbey qui avait mentionné le philosophe allemand en se reférant à Willm. Manifestement, l'insatiable dévorateur de livres qu'il a toujours été alignait des notes (deux pages sur Schelling en tout et pour tout : O, p. 87-88) puisées dans sa lecture de l'*Histoire de la philosophie allemande depuis Kant jusqu'à Hegel* que l'Alsacien Joseph Willm, auteur des premières études sur Hegel en langue française (1835-1836) et d'une traduction d'un texte de Schelling[2], fit

2. *Jugement sur la philosophie de M. Cousin*, Paris-Strasbourg, Levrault, 1835.

paraître chez Ladrange, à Paris, en 1846 (tome I), 1847 (tomes II, III) et 1849 (tome IV). Le procédé d'exécution de l'ouvrage, un monument pour l'époque, est simple : un résumé de chaque œuvre est proposé, agrémenté d'extraits souvent copieux et suivi d'une évaluation défavorable lorsque le sujet touche au théisme, à la morale ou à des questions de dogme (car l'auteur n'oublie pas tout à fait qu'il est pasteur protestant).

Au tome III, Willm reproduit le passage où Schelling considère que bien et mal sont dialectiquement identiques. Il poursuit sa citation : « C'est pour cela qu'on a raison de dire que celui qui n'a pas en lui de force pour le mal, est aussi incapable de bien. *Les passions auxquelles notre morale négative fait la guerre, sont issues d'une même racine avec les vertus qui y correspondent. L'âme de toute haine, c'est l'amour, et la colère la plus violente n'est que le calme troublé et excité dans son centre le plus intime.* Dans une juste mesure et dans leur équilibre organique, les passions sont l'énergie de la vertu même et ses instruments immédiats »[3].

3. Je souligne. Chez Willm III (cité : W), p. 333-334 ; Schelling, *Sämmtliche Werke,* Stuttgart, Cotta, 1856-1861, VII, p. 400-401. Dorénavant : S. Je reprends pour les *Recherches* la traduction fournie par J.-F. Courtine et E. Martineau (*Œuvres métaphysiques*, Paris, Gallimard, 1980) sauf évidemment quand je cite Schelling d'après Willm. Barbey a également parcouru le tome IV. Il note par exemple que « Krause fait cause commune avec Schelling et Hegel en ce qu'il croit que

Maintenant que nous possédons la bonne leçon, nous sommes en droit de nous demander si la malencontreuse coupure est le fait de Barbey. Il est probable qu'elle soit due à ces pertes de texte auxquelles l'éditeur fait allusion (O, p. 18) et qui sont causées par la disparition des marges et des bas de pages. On aurait souhaité que l'éditeur les eût signalées. En l'absence d'une édition diplomatique, on est réduit à incriminer les conditions de conservation du manuscrit. Le certain est que c'est bien dans Willm que Barbey a lu Schelling et qu'il avait en perspective le contexte.

Ce qu'il a retenu de sa lecture montre qu'il a été sensible à quatre problématiques, celles du panthéisme (Barbey a repris les exemples que Willm a tirés de *Philosophie et religion,* qui est de 1804), de la chute (encore *Philosophie et religion*), de la création artistique (dans le *Discours sur le rapport des arts plastiques avec la nature* prononcé en 1807), du mal (dans les *Recherches sur l'essence de la liberté humaine* de 1809).

Il ne semble pas que Barbey ait eu, à part Willm, une autre source d'information sur le philosophe. Tout ce qu'il en cite en provient. Il ignore la traduction française du *Système de l'idéalisme transcendantal* par Grimblot en 1842 ou celle du *Bruno*, par Husson, en 1845. Il ne connaît pas da-

la connaissance transcendantale absolue est le problème et possible » (O, 41-42 ; W IV, p. 419).

vantage *Les Écrits philosophiques* dont la version française procurée en 1847 par Bénard donne l'intégralité du *Discours sur le rapport des arts plastiques avec la nature.*

Mentionnons qu'une monographie sur Schelling existe déjà en français, due à la plume intelligente de Jacques Matter (*Schelling ou la philosophie de la nature et la philosophie de la Révélation*, 2e éd considérablement augmentée, Paris, Comptoir des Imprimeurs unis, 1845). Il s'y trouve annoncée (p. 37) une traduction des *Recherches sur la liberté humaine* par le velléitaire Auguste Sougey-Avizard qui fut l'étudiant de Schelling. La première édition (*Schelling ou la philosophie de la nature,* Paris-Leipzig-Berlin, 1842) livre une rédaction qui précède le cours de Berlin. Remarquons également un recueil d'articles de Nicolas Moeller que cet ancien auditeur des cours de Schelling publia sous le titre *De l'état de la philosophie moderne en Allemagne* (Louvain, 1843). Des parties importantes sont consacrées aux *Recherches sur la liberté humaine* et à la *Philosophie de la Révélation* que l'auteur brocarde au nom du catholicisme (auquel il a fini par se rallier). La philosophie de l'identité a trouvé, pour sa part, un contempteur en la personne de Frédéric Ancillon qui lui consacre une section de ses *Essais philosophiques ou Nouveaux mélanges de littérature et de philosophie* (I, Paris-Genève, 1817) qui ont au moins le tort de ne guère prendre en considération l'écrit sur la liberté de 1809.

II

La question se pose alors de savoir si le philosophe a inspiré le romancier et critique littéraire. Ou sinon, enquête complémentaire, si ce dernier a recopié la phrase de l'Allemand pour y avoir reconnu un écho de sa propre sensibilité ou une réponse décisive à ses lancinantes interrogations, bref si elle a conforté ses vues. Dans la première hypothèse, je ne devrai prendre en considération que les œuvres postérieures à l'année 1847[4]. La deuxième, elle, m'autorise l'accès à celles qui

4. Selon Joël Dupont, la rédaction du premier cahier (celui qui intéresse mon propos) débute en septembre 1855. Cet indice, s'il est avéré (plaide en faveur de l'année 1855 que précèdent la phrase de Schelling que j'analyse des notes d'une lecture d'un essai d'Alexandre Weill sur Schiller paru en 1855), me commande de n'admettre au titre de dette que ce qui est produit après cette date — supposé que Barbey n'ait pas lu le livre de Willm dès sa parution. Il a en tout cas puisé dans Willm, avant de lire le Weill (cf. O, p. 39-45). Je me tiens sûr qu'il l'a parcouru avant la date supposée puisque la phrase : « Le génie est une abeille intelligente » (O, p. 88), butinée dans Willm (W, p. 344) a été citée par Barbey dans son article du *Pays* sur Roger de Beauvoir datant du 6 novembre 1853 (*L'Œuvre critique,* I, Paris, Les Belles Lettres, 2004, p. 777). En tout cas, le mois de septembre n'est pas le bon, car le fameux passage sur la fortitude réclamée du métier de jour-

précèdent. Quand, par exemple, nous lisons dans *L'Amour impossible,* roman de jeunesse sur la frigidité de cœur, qu'il ne faut pas calomnier les ardents désirs (I, p. 71), l'auteur n'en fournit pas la raison profonde. La clef lui fait encore défaut[5].

On conviendra que lorsque Barbey conçoit que « la haine n'est jamais que l'envers de l'amour »[6], ou constate simplement leur voisinage (II, p. 314), ou observe que bien des « amours commencent par la crainte ou la haine » (II, p. 305), ou fait encore dire à son personnage : « Ma haine, c'était de l'amour encore » (II, p. 297), l'originalité du propos n'est pas flagrante et il ne suit sans doute pas la bannière de Schelling[7]. Pas davantage quand on s'avise que la vie de l'amoureuse dédaignée devient « un enfer caché », comme cela est dit de Jeanne Le Hardouey (I, p. 651), ou que le désir fourvoyé se change en haine (II, p. 40), ou que la

naliste (« La lâcheté est le fond des esprits », etc.) (O, p. 45) est repris dans une lettre à Trebutien datant d'août 1855.

5. La parution de l'ouvrage de Willm coïncidant avec le retour de Barbey à la bergerie catholique, il est bien entendu qu'aucune influence ne saurait être exclusive.

6. *Le Roman contemporain*, Paris, Lemerre, 1902, p. 189. On se rappelle le vers du *Roman de la rose* : « Amour est haine amoureuse » (v. 4294).

7. Si je devais lui trouver un inspirateur, je penserais à Richard de Saint-Victor qui décrit la mutation de l'amour en haine et la cohabitation de la haine et du désir (*De* IV *gradibus violentae caritatis*, édition et traduction par G. Dumeige, Vrin, Paris, 1955, § 16).

jalousie est cruelle comme le Shéol (*Cantique des cantiques*, 8 :6), encore moins évidemment là où l'adoration se dissimule sous la persécution[8]. Évoquant la possibilité d'un emprunt ou d'un écho, ce n'est pas cette équation inversée que je considère (elle n'appartient d'ailleurs pas en propre à Schelling, l'aurait-il eu présente à l'esprit lorsqu'il écrivit que l'âme de toute haine est l'amour), mais celle dont elle est éventuellement la conséquence, proclamant que vertus et passions ont même racine en sorte que celles-ci ont plus de mérite en soi que celles-là énervées que met en pratique une morale qui mutile les individualités fortement caractérisées et ne leur propose qu'un bonheur mesquin. Dans sa *Philosophie de la Révélation,* Schelling fera observer que l'on vante l'homme raisonnable sans s'aviser que l'amour de l'ennemi indique une disposition héroïque qui dépasse la raison (S XIV, p. 23).

Il faut imaginer les étincelles que dut provoquer la déclaration de Schelling dans l'esprit d'un byronien viscéral[9] comme l'avait été et demeura Barbey, non sous couvert de catholicisme, mais

8. Racine, *Phèdre*, I, 4.
9. Ce qu'on ne peut dire de Schelling. On notera toutefois qu'il est arrivé au philosophe de considérer que l'Anglais était, après Goethe, le plus grand poète de son temps (in Xavier Tilliette, *Schelling im Spiegel seiner Zeitgenossen*. Ergänzungband. *Melchior Meyr über Schelling,* Torino, Bottega d'Erasmo, 1981, p. 319, 353).

bien mêlé à sa riche pâte. Cela ne va pas sans difficulté compte tenu du contexte, car la notion de passion recoupe fâcheusement celle de vice. C'est en tout cas le glissement que la morale négative comprend et déprécie en l'homme de génie qui, alléguait le poète, chevauche l'orage[10]. Or Schelling, suivant en cela le Kant de la *Religion dans les limites de la simple raison,* condamne l'amalgame entre le mal et les appétits sensibles (S VII, p. 371) qui le rabat finalement sur l'animalité. Il tient que le ressort du mal, péripétie majeure de la liberté, réside dans la volonté et suppose une raison pervertie ; dynamiquement, le bien *est* le mal, ce qui signifie que celui-ci est un parasite de celui-là qui a besoin de son adversaire pour se manifester dans sa pleine effectivité en emportant sur lui une éclatante victoire. Retenons l'axiome : « Chaque être — dit Schelling — ne peut se révéler qu'en son contraire, l'amour dans la haine, l'unité dans le conflit » (S VII, p. 373). Barbey ne l'a pas recopié, mais il l'a certainement lu chez Willm[11] puisqu'il a reporté dans son carnet le passage qui lui fait immédiatement suite. D'autres explications sont possibles (auxquelles je ferai allusion), certaines rejetées formellement par Schelling, d'autres,

10. Byron, *Childe Harold's Pilgrimage*, III, 44.
11. Chez Barbey : « Quand les contrastes crient, ils sont mieux entendus » (*Femmes et moralistes*, p. 53) ; Hugo dit mieux : « L'antagonisme fait saillir l'être » (*le Tas de pierres*, XX).

faibles, agréées par lui quelques années plus tard, comme de faire se succéder dans le même individu un acte bon et un acte mauvais[12].

Ce n'est en tout cas pas, empruntant ses paroles à Satan, que Schelling dirait à Barbey :

> « Touche ma main. Bientôt dans un mépris égal
> Se confondront pour nous le bien et le mal »[13].

Loin de là, car la racine commune est l'énergie. De cette puissance supérieure encore au tempérament ardent, Barbey a depuis toujours admis la majesté, mieux : le magistère. Il l'a immédiatement reconnue chez Stendhal dont il loue la force, « la chose la plus rare qu'il y ait dans ce temps de cerveaux et de cœurs ramollis »[14]. C'est à cette lueur qu'il convient d'apprécier le verdict du docteur Torty, témoin d'un bonheur dans le crime (qui n'éveille pas l'ire d'une Némésis offensée), sur les « plates mœurs modernes, où la loi remplace la passion » (II, p. 105). L'énergie seule se mesure à l'énergie. Dans le style de Schelling : « De même qu'il y a un enthousiasme pour le bien, il y a aussi une exaltation d'esprit pour le mal » (S VII, p. 372). Barbey va plus loin : « L'énergie seule aime l'énergie »[15], comprendre aussi qu'elle est haïe par les apathiques. En écrivant que « ce temps-ci n'a pas

12. *Weltalter*, Munich, 1946, p. 127-128. Le texte est de 1813.
13. Vigny, *Éloa*, III.
14. *L'Œuvre critique,* I, p. 1039. L'article est de 1856.
15. *Littérature épistolaire*, Paris, Lemerre, 1892, p. 44.

même l'énergie d'être athée... » (II, p. 1634), Barbey insinue qu'une préférence doit être accordée à l'impie en comparaison du croyant d'occasion et de complaisance. Comme il faut une passion pour tirer l'homme de son inertie, on devra dire que pas plus que le satanique, la modération ne fait le saint. Elle ne saurait donc pas passer pour la chaîne d'or qui relie à un salut appelé à remédier aux effets de la chute. La grandeur vient « d'une imposante manière d'être, soit dans la vertu, soit dans le talent, soit même dans le vice »[16]. Il y a péril, en revanche, que la sainteté anéantisse le modéré et sa modération, comme Barbey le suggère dans *Ce qui ne meurt pas* : « Les grandes passions savent vivre de ce qui tuerait de médiocres sentiments » (II, p. 295). Le devoir lui-même comme exhortation et impératif convoque avec insistance l'élément passionnel en l'homme, seul à même de le régénérer.

Considérons un de ces fiers personnages que Barbey dote d'une « fière énergie » (I, p. 1112) et voue carrément à la damnation, Sombreval, cet esprit de premier ordre. Plus qu'athée (II, p. 894), l'homme est déicide : « Lui, il avait TUÉ DIEU, autant que l'homme, cette méchante petite bête de deux jours, peut tuer l'Éternel — en le reniant ! C'était un ancien prêtre — un prêtre marié ! » (I,

16. Barbey, *Femmes et moralistes*, p. 142.

p. 887 ; cf. p. 1067)[17]. Renier est plus grave que nier car c'est présupposer un mouvement contraire : l'affirmation éperdue couronnée par le don de soi — de quoi le mariage est le signe opposé puisqu'il implique une reprise de soi et le redon à une créature. Barbey devait penser à son personnage lorsqu'il fit reproche à Zola de n'avoir pas donné à son abbé Mouret « le grandiose tragique qu'a parfois le prêtre qui tombe, le prêtre porte-lumière, foudroyé comme Lucifer, mais par une foudre qui vient d'en bas et qui n'est plus lancée par la main de Dieu »[18], ce qui revient à dire que le personnage est happé par Ahriman (la concupiscence), non par Moloch (la dévoration d'autrui), Méphistophélès (l'anéantissement du monde), Lucifer (l'orgueil de l'esprit) ou même Satan (le mensonge)[19]. L'essentiel est ailleurs, dans la conviction que la corruption du meilleur est la

17. L'animosité envers Dieu au point de désirer le poignarder remonte à l'époque de *Léa* (I, p. 27).

18. Barbey d'Aurevilly, *Le* XIXe *siècle,* II, Paris, Mercure de France, 1966, p. 255.

19. Sur ces quatre figures du mal, cf. J. Hatem, *Satan, monothéiste absolu selon Goethe et Hallâj,* Paris, Éd. du Cygne, 2006. Du point de vue de Zola, bien qu'il soit acquis qu'à son personnage aboutit « la dégénérescence finale » de la famille (*La Faute de l'abbé Mouret,* III, VI), le mal dont il souffre n'est pas ahrimanique, bien au contraire, car l'exaltation de la chair est présentée comme un remède à la haine de la vie qui lui a été inculquée. Pas plus que Sombreval et Riculf, Mouret n'est un amateur d'aventures galantes.

pire. Sombreval n'a rien de l'abbé Mouret. C'est plutôt à Diderot qu'il ressemble dont Barbey (qui lui a voué des sentiments mêlés) dit qu'il « dégrada l'âme d'un apôtre en la mettant au service de l'erreur »[20].

Certes, les traits de paternité supplantent, dans le roman, ceux de la conjugalité. Calixte, toutefois, est perçue comme l'effet du reniement puisqu'elle ne semble « fille du Démon » (I, p. 915) que parce qu'engeance de prêtre. Mais en dépit du titre et du sentiment populaire, la créature à laquelle le renégat s'est d'abord voué porte le nom de chimie, discipline qui l'a fixé aux éléments sublunaires. Les significations prêtées au fruit de l'arbre de la connaissance du bien et du mal ne se comptent plus, s'il fut par exemple de nature *érotique* (ce qui expliquerait la pudeur qui envahit les pécheurs) ou *gnostique* (hypothèse accréditée par le nom de l'arbre). Barbey élit pour l'austère Sombreval la deuxième conception, en particulier lorsque sont évoqués « le serpent de la Science qui se tordait autour de sa vie » (I, p. 893) et « la couronne de l'enfer » qui est « la couronne de la science curieuse, de l'espérance insensée, de l'orgueil qui lutte contre Dieu » (I, p. 1049). Il importe de noter le trait que le mal aurevillien est d'abord,

20. *L'Œuvre critique,* I, p. 583. On sait que Diderot, ayant envisagé de recevoir les ordres sacrés, étudia la théologie en Sorbonne.

comme pour Schelling[21], de nature spirituelle. En règle générale, il ne revient pas à la chair de commander le comportement déviant. C'est la perversion morale qui, éventuellement, peut s'illustrer dans la luxure.

Or voici que Sombreval va mobiliser toute sa science, désignée comme « colossale » (I, p. 901, 1119), au bénéfice de la guérison de sa fille qu'il chérit, amour démesuré — jusqu'à l'idolâtrie (I, p. 949) — qui précipite le roman à sa fin dans le frénétique. Quoiqu'il n'y ait pas de conversion effective possible pour un impie réfléchi, il est indéniable, pour le lecteur, que l'infatigable énergie qu'il met au service du Calice[22] d'amertume et de régénération issu de son flanc, est de la substance

21. S VII, p. 372. Dans les *Conférences de Stuttgart* : « Le mal, d'un certain point de vue, est le spirituel le plus pur car il mène la guerre la plus violente contre tout *Être*, et voudrait même supprimer le fondement de la création. Quiconque est tant soit peu initié aux mystères du mal (car il faut l'ignorer de cœur, non point de tête), celui-là sait que la plus haute corruption est justement aussi la plus spirituelle, qu'en elle disparaît finalement tout ce qui est naturel, par suite même la sensibilité et même la volupté, qui se transforme en cruauté, et que le mal démoniquement diabolique est bien plus étranger à la jouissance que le bien » (S VII, p. 468).

22. On sait que Barbey aime à donner à ses personnages les qualités de leur nom. Au lieu que le nom influe sur une destinée, c'est le contraire qui se produit. Quand un nom dit l'opposé de sa réalité, comme nous le verrons avec *Blanchelande*, la monstration s'inverse en duplicité où un pli se sert de l'autre comme effet de leurre.

même de son caractère apostatique. Doté d'une « volonté de fer » (I, p. 910), il est susceptible de la porter non seulement aux extrêmes, mais aussi aux contraires : « Ils ont raison de penser tout de moi ! de me croire capable de tout ! Je suis un prêtre qui a renié son Dieu » (I, p. 1085). Ce n'est pas lui que la plus rigoureuse des ascèses ferait frémir ! S'il y a de l'éros chez lui, il est ici sublimé[23] et là versé dans la coupe débordante de l'amour paternel. Bien que leur contemporain, Sombreval ne fut pas de ces athées qui, « hommes d'action de la plus immense énergie (...) s'étaient vautrés dans tous les excès » (II, p. 189). N'étant pas de ces individus sur lesquels les vices se jettent en meute, il s'est contenté d'investir, mieux encore que cet autre personnage de Barbey, le major Ydow également « capable de tout » (II, p. 207), le carrefour à partir duquel toutes sortes d'actes, fussent-ils contradictoires ou complémentaires, partent qui comblent la mesure. Jugement qui dépasse le dogme du péché originel si celui-ci se ramène à la faculté de commettre tous les crimes, car l'extension du concept est ici illimité. En tout état de cause, la capacité, pour sauter de l'idée diffuse et presque évanescente toute mêlée d'imaginaire à l'actualité, doit passer alliance avec la volonté passionnelle — « et la pas-

23. Schelling rapporte la remarque de Baader que l'instinct de connaissance présente la plus grande analogie avec l'instinct de reproduction (S VII, p. 414).

sion, c'est aussi de la volonté » (II, p. 422) —, pas n'importe laquelle, celle d'une Mme du Tremblay qui est « toute-puissante » (II, p. 156), celle de la volonté de puissance, pour user de la catégorie de Nietzsche que Barbey annonce lorsqu'il trace ces mots dans son article de 1850 sur le sacerdoce de l'épée : « L'homme est constitué de manière à vouloir passionnément ce qu'il veut, et à briser ce qui s'oppose à son désir, en risquant sa vie, bien moindre pour lui que sa volonté. De là, la guerre inévitable, éternelle »[24]. Qu'on se souvienne, chez Byron, de ce que disait la Fée à Manfred :

> « Fils de la Terre !
> Je te connais, et les pouvoirs qui t'octroient puissance !
> Je te connais pour l'homme de nombreuses pensées,
> Et d'actes bons et mauvais, extrême dans les deux cas »[25].

On n'oublie pas ce que dit Barbey du « coup de baguette invincible de la volonté » (I, p. 652). La toute-puissance de la volonté est ce talisman qui explique, si l'on peut dire, l'origine si mystérieuse du mal. Il ne provient pas de ceci ou de cela, de la matière ou de Dieu. Acte de la volonté, il surgit de

24. *Premiers articles*, Paris, Les Belles Lettres, 1973, p. 173. Je pense en particulier à la diatribe anti-schopenhauerienne d'*Ainsi parlait Zarathoustra* (II, ch. 12) qui, pour prouver l'essentialité de la volonté de puissance et sa supériorité par rapport au vouloir-vivre, fait observer que l'homme est prêt à mettre sa vie en jeu pour la puissance.

25. *Manfred*, II, 2.

lui-même comme ce qui n'aurait pas dû être. C'est parce que la liberté n'est pas soumise à la rationalité commune qu'elle est capable du bien et du mal ou que l'homme, suivant Schelling, se définit comme ce qui est capable du plus haut comme du plus bas (S VIII, p. 13). Il n'y a de séduction possible ou de vertige préparant la chute que par le fait d'une causation contingente, « une liberté envers les contradictoires », comme dit Duns Scot[26].

Qu'est-ce qui empêche alors le repentir et le virage dans le contraire ? Bien qu'un implacable destin, celui de leur propre volonté constante parce que pétrifiée, pèse sur les personnages aurevilliens, le violeur et brigand d'*Une Histoire sans nom,* dont on dit, alors même qu'il portait encore l'habit monastique, qu'il était de ces hommes capables de tout (II, p. 273), finit par se réconcilier avec Dieu (II, p. 359). Y a-t-il quelque rapport entre les crimes et la sainteté[27] ? Barbey en convient : « Après des années d'une vie de forfaits, il était arrivé, un soir, à la Trappe de Bricquebec, dans le plus affreux désespoir, montrant un de ces repentirs qui ne prennent que les âmes puissantes » (II, p. 361),

26. *Lectura*, I, d. 1, p. 2, q. 2, 118.
27. Il va sans dire que je prends ici la sainteté dans un sens large. Si l'on admet le sens restreint, celui d'un Kant par exemple, affirmant que l'homme n'est pas capable d'une volonté sainte, pure (ou désintéressée) par essence, l'unique personnage qui s'en rapproche est Calixte, à condition de la considérer davantage comme une idée qu'un être concret.

ces mêmes âmes donc qui osèrent le pire et qui ne reculeront pas devant l'audace de prendre le ciel d'assaut (II, p. 362). On a le vif sentiment, à lire ces lignes, que le roman vaut comme une réfutation anticipée de *La Faute de l'abbé Mouret* qui décrit la carrière d'un homme rachitique aux perspectives mesquines. C'est que « le Père Riculf était une de ces âmes qui, en rien, ne connaissent de limites » (II, p. 362), à croire qu'en lui aussi, comme jadis avec Alcibiade, la nature a tenu à voir ce dont elle était capable. Madame de Ferjol qui ne voudrait pas du paradis s'il y était admis, avait pourtant été mise par sa perspicacité sur la piste de la vérité schellingaurevillienne car elle avait déclaré à son hôte dont le visage n'était pas hiéroglyphique pour tout le monde : « Quand on vous regarde, mon Père, on est presque tenté de se demander ce que vous auriez été si vous n'aviez été un saint homme » (II, p. 273). Cela n'est pas sans rappeler Vautrin qui, non content de tout connaître[28], prétend être tout[29]. La substance qui porte à un acte de démesure est susceptible d'un autre qui lui fait face. Acte en réalité incertain quand bien même occasionnellement prévisible car seule en décide la liberté et la prise en compte d'un complet développement. Byron qui fait Lara

28. Balzac, *Le Père Goriot*, in *La Comédie humaine*, III, Paris, Pléiade, 1976, p. 61, 137.
29. *Ibid.*, p. 212.

> « Enchaîné à l'excès, l'esclave de chaque extrême »[30],

le prive de toute aptitude à la médiocrité dorée — sans lui interdire le saut dans l'opposé. Sainteté et satanisme ont ceci en commun qu'ils propulsent l'individu au-dessus de la société, qu'ils sont foncièrement transgressifs.

> « Il aspirait par le bien ou par le mal à se séparer
> De tous ceux qui partageaient sa mortelle condition »[31].

Il est digne de remarque que lorsque Barbey énonce en termes irréprochables que « le démon (...) est en embuscade dans les meilleures et les plus fortes âmes » (II, p. 327), il ne précise pas qu'il y est *même* en elles ; non pas que Satan s'est réservé les saints, laissant à leur pente naturelle les tièdes, mais plutôt, qu'il tire sa force de la force des meilleurs. Les passions auxquelles fait la guerre la morale négative (qui prône, dirait Barbey, des amours d'eunuque) sont issues d'une même racine avec les vertus qui y correspondent. N'est-ce pas d'ailleurs de leur choc que naissent les événements qui font la pâture de la littérature (cf. I, p. 583) ? Puisque conflit il y a, certaines paraissent

30. *Lara,* I, 8.
31. *Ibid.*, I, 18. Il arrive souvent que la dette à l'endroit de Byron équilibre celle contractée auprès de Joseph de Maistre qui articule, cité par Barbey, ces paroles de bon sens : « Les vertus *poussées à l'excès* deviennent des défauts » (*Les Philosophes et les écrivains religieux,* Paris, Quantin, 1887, p. 98).

condamnables, à moins que, pour une conscience stoïcienne, toutes le soient. Mais voici qu'un personnage de Barbey prononce : « ... elle avait pour moi toutes les bassesses de la passion, si la passion pouvait jamais être basse ! » (II, p. 48)[32].

« Nos pieds-plates mœurs » (II, p. 720) nourrissent un inépuisable grief contre le caractère, lequel est puissance. Barbey fait observer que son Yseult, celle de *Ce qui ne meurt pas*, si elle avait été « passionnée (...) eût été plus grande ; elle eût été plus sainte » (II, p. 608). La censure des bien-pensants d'une Église démysticisée, en coupant les ailes de ses fidèles, les empêche de réaliser leur plus haute personnalité[33]. Ce n'est pas tant l'hypocrisie de la morale bourgeoise qui fait la cible privilégiée du sagittaire Barbey que sa face timorée réprimant tout éclat excentrique, brimant en chacun l'homme supérieur ; l'esprit de convention complaisant dans sa

32. Barbey a noté ceci qui peut servir d'illustration à son propos : « Vous me haïssez sans doute, — disait Pitt au chancelier Thurlow, — parce que j'ai soutenu l'opposition dans son impeachment contre M. Hastings. Je ne prostitue pas, répondit Thurlow, — une aussi belle passion que la haine pour un acte qui ne mérite que le mépris » (O, p. 152).

33. Ceci contre Pascal : « Le Christianisme, à qui nous devons tout ce que nous sommes, le Christianisme, en élevant la valeur de chaque âme jusqu'à la Rédemption par un Dieu, a par cela même puissancialisé jusqu'au delà de toute proportion le *moi* de l'homme, et donné à sa personnalité une vibration infinie inconnue aux Anciens » (*Mémoires historiques et littéraires*, p. 138).

neutralité rabougrit l'esprit et laisse l'âme en friche[34]. Mieux vaut, à la limite, le ferme puritanisme, cette passion qui entend liquider toutes les autres. Nul besoin d'aller si loin. Quand Barbey voit en Byron un chrétien « qu'il l'ait voulu ou non, ignoré ou su »[35], il y a peut-être lieu de réviser la compréhension habituelle que l'on a du christianisme (ou tout au moins celle de qui livre pareille appréciation).

Le Dieu de Schelling sait gré à l'individu qui ne recule pas devant l'expression de son originalité d'être ce qu'il est et d'obéir à son égoïté, inclinât-elle aux méfaits et, comme chez Sombreval, à la contradiction et à la violence (cf. I, p. 1104), parce que c'est uniquement par ce moyen que l'infinie richesse divine est à même de se déployer (*Philosophie et religion*) ou que l'amour latent en l'être parviendra à l'effectivité (*Recherches sur la liberté humaine*) ; dans les deux cas, le mal humain (il n'en est pas d'autre, même si provoqué par Dieu) est employé à l'auto-révélation exhaustive de la divinité[36], comme si le Dieu de Schelling devait

34. De quoi rappeler ce passage de *la Chute* de Camus : « Pas assez de cynisme et pas assez de vertu. Nous n'avons ni l'énergie du mal ni celle du bien (...). Dante admet des anges neutres dans la querelle entre Dieu et Satan. Et il les place dans les Limbes, une sorte de vestibule de son enfer » (*Théâtre, récits, nouvelles,* Paris, Pléiade, 1962, p. 1518).
35. *L'Œuvre critique*, III, Paris, Les Belles Lettres, 2007, p. 1071.
36. C'est là une dimension qui échappe à Willm lorsqu'il reproduit un des textes de Schelling qui s'y rapporte (W, p. 316).

obtempérer à l'impératif aurevillien : « Tout doit toujours être dit »[37], tout de même qu'il s'est soumis au mot d'ordre schellingien suivant lequel tout le possible doit advenir (S VII, p. 397 ; cf. XI, p. 492). Le Dieu de Barbey fuit également les personnalités mal définies pour n'apprécier que les caractères magnifiques dans leur fermeté car voici que le directeur de la vierge stigmatisée, l'honnête abbé Méautis, admirant le père dans Sombreval, s'exclame : « C'est Dieu lui-même qui prendrait soin de votre enfant. Ce Dieu des Forts aime l'héroïsme » (I, p. 1088). Certes, il ne s'agit pas ici de cautionner le mal, mais qui pourrait en mesurer la dose qui entre dans l'héroïsme et sa véhémence, ne serait-ce qu'à titre de puissance à vaincre (et guère seulement d'obstacle) ? Tout porte à croire que le brave ministre du culte a lu dans la lettre que son procréateur adressa le 1 juin 1851 à l'ami Trebutien : « Soyons mâles, larges élevés, opulents comme la Vérité Éternelle ! »[38] Or il n'y a pas que les vertus viriles qui plaisent à Dieu ; dans *Une vieille maîtresse* : « Dieu la soutint, — car Dieu aime les folies des âmes qu'il a créées immortelles » (I, p. 345). Barbey ne nous en fournit pas la raison.

Cf. J. Hatem, *Schelling. L'angoisse de la vie*, Paris, L'Harmattan, 2009, ch. I.

37. *L'Œuvre critique*, IV, p. 831.

38. Qu'on se rappelle le bel axiome de Restif de la Bretonne : « La vérité seule est la morale »

Pourtant, je vois qu'il propose dans *le Chevalier des Touches* une sorte d'explication, esthétique, au moment d'esquisser le portrait de l'abbé de Percy : « L'abbé était une de ces belles inutilités comme Dieu, qui joue *le Roi s'amuse* dans des proportions infinies, se plaît à en créer pour lui seul » (I, p. 755). Le monde est un théâtre. Le dandysme du romancier rejaillirait-il sur l'Éternel ? Ou seule l'âme habitée d'une invincible passion serait véritablement à Son image ? Léon Bloy dira du « plus inexplicable des hommes », celui « à qui nul ne ressembla » : « Napoléon, c'est la Face de Dieu dans les ténèbres »[39]. La formule est susceptible d'être démocratisée : « Chaque être est un monde, un monde inconnu. Dieu a de quoi s'occuper »[40].

III

Une précision s'impose. L'idée schellingienne ne rejoint pas l'analyse suivante de Néel : « Pour le jeune amoureux de Calixte cette tendresse

39. *L'Âme de Napoléon,* Introduction, § 1. Remarque de Barbey, bien antérieure à l'essai de Bloy, puisque dans un article de 1853 : Napoléon « n'aura pas d'historien digne de son génie, qui le comprenne et qui le juge ; car pour comprendre et juger le génie, il en faut presque la moitié » (*De l'Histoire,* Paris, Lemerre, 1905, p. 160).

40. La Varende, *L'Amour sacré et l'amour profane*, Paris, Flammarion, 1959, p. 163.

transfigurait Sombreval. Elle infusait de l'âme et presque de la grâce dans ce Titan de perversité et de science, à l'esprit positif, cruel et quelquefois brutal comme la réalité, et finissait par donner comme des mamelles à son génie. En l'entendant s'exprimer ainsi, reconnaissant d'ailleurs de le voir si disposé à lui donner sa fille pour peu qu'il fût aimé d'elle, Néel fut plus touché que jamais de cet amour de Sombreval, qui couvrait tout, qui eût racheté un parricide !… » (I, p. 1010). Il importe de découvrir la source de l'amour. Néel a l'impression qu'il se surajoute à l'être ou en redresse les déviations ou l'humanise. Erreur de penser qu'une âme est infusée quand c'est de la nature omnifique et du fond pulsionnel que jaillissent l'une et l'autre passion immense. Lorsque Calixte dit que son père est « plus qu'un génie, c'est une âme, lui qui ne croit pas à l'âme » (I, p. 1037), elle n'insinue pas qu'une âme ait été subrepticement introduite dans sa complexion. L'équivocité de la notion est à enregistrer : la première occurrence désigne ce qu'on appelle, en morale, la grande âme ou la forte ou alors la belle (forme évanescente bien dépeinte par Goethe et caractérisée par Schiller !) La deuxième convoque la notion métaphysico-religieuse à laquelle Sombreval matérialiste[41] substitue celle

41. Il est à noter que Barbey élève le matérialisme à un rang satanique puisqu'il en fait « la Bête de ce temps » (*L'Œuvre critique*, III, p. 723).

du sang. Il est manifeste qu'il aurait pu être une âme grande (plus que celle d'Aloys (I, p. 162) à n'en pas douter) ou forte comme celle de Mme de Ferjol (II, p. 280), sans être un génie — la beauté de l'âme devant être attribuée à Calixte aussi bien que la force que lui départit Sombreval (I, p. 1096, 1105) —, mais il n'aurait pu être sans une âme immortelle et il n'aurait pu être, sans l'énergie, plus que la vie qui s'écoule. En professant sa foi dans le sang (« Je crois au sang — fit-il, le chimiste — et que rien ne peut le remplacer ! Il fait ce que vous autres appelez l'âme. Il fait les sentiments, la famille, l'amour de l'enfant pour la mère et de la mère pour l'enfant ») (I, p. 1061), il ne se limite pas à prêter un plat serment d'allégeance au matérialisme ; il identifie le foyer explosif de la vie. Il a seulement oublié en chemin de rappeler que c'est le sang qui verse le sang ! Mais cela nul ne l'ignore ! Combien candide le lecteur qui s'imagine que Sombreval reçoit son âme en aimant sa fille ! L'esprit libre est trempé à l'âme forte. Il est admirable en lui-même, et pas moins que le Satan de Milton. D'ailleurs, loin de sauver son père, alors même qu'elle a consacré[42] tout son être à cette tâche impossible, elle ne réussit qu'à le conduire, sans faire exprès, à porter à « l'absolu » (I, p. 1112)

42. Au sens fort : le sacré est ce qui est livré à la divinité, précise Joseph de Maistre, et totalement voué (*Éclaircissement sur les sacrifices*, ch. II).

le mal qui le ronge puisque lui-même, afin de lui complaire (espérant par ce moyen la guérir et lui épargner la calomnie), joue la comédie de la repentance en se livrant à ses ennemis, ne faisant par là qu'ajouter l'imposture à la forfaiture et, du point de vue de la foi, le sacrilège à l'incroyance[43], et ailleurs, l'assassinat à l'athéisme afin de préserver Calixte de l'outrage (I, p. 1074). Sombreval est admirable indépendamment de son amour paternel, quitte à ne l'être, comme Lauzun décrit par Barbey dans son essai sur le dandysme, que « sataniquement » (II, p. 728). Le romancier ne peut d'ailleurs qu'inviter son lecteur à communier à l'admiration qu'il ressent pour l'incrédule au moment où, dans le projet qui le prend de s'abandonner à une « ignoble singerie » (I, p. 1108), il donne licence à l'amour de faire un nouvel usage de l'indomptable caractère : « Ce n'étaient pas des substances qu'il cherchait à asservir, depuis tant d'années que Sombreval était devenu maître, mais c'était de lui-même, terrible substance, plus difficile à dominer ! Le feu qui lui pourprait ses saillantes pommettes et jetait un ardent feu à ses tempes, élargies par la réflexion, n'était pas le feu matériel du fourneau que

43. Pour un croyant, Sombreval célébrant la messe à nouveau profanera le corps et le sang du Christ (I, p. 1145), alors que pour lui, en raison de son incroyance, il ne commettra pas de sacrilège puisqu'il n'y a pas de Dieu et qu'il le sait (I, p. 1109).

son visage avait si longtemps impassiblement bu par tous ses pores ; c'était une bien autre flamme ! C'était la flamme de la résolution sublime qu'il avait portée, pendant ces huit jours de lutte et de silence, et qui, triomphante, montait de son cœur et à sa tête et l'illuminait ! » (I, p. 1092). La singerie n'est pas ignoble parce que blasphématoire, mais du fait qu'elle exige de la part de l'esprit libre qu'il rende les armes. Toutefois, prisonnier, il n'abdique pas pour autant la liberté intérieure. Le « géant de volonté » (I, p. 1111) attente à sa personne sans sacrifier l'intellect. En effet, l'œil intérieur de Sombreval n'est pas susceptible d'altération (I, p. 1111).

Je rappelle la phrase de Schelling : « Les passions auxquelles notre morale négative fait la guerre, sont issues d'une même racine avec les vertus qui y correspondent ». *Un prêtre marié* en module l'écho sous l'espèce de la convergence : bien que l'abbé Méautis ait deviné le dessein de Sombreval, il n'ose le dénoncer à sa fille de crainte que la révélation abrège la vie de la jeune substituée : « (...) il finit pas avoir la pensée d'aller (...) se jeter aux pieds de Sombreval pour le détourner du dessein sataniquement magnanime que cet homme profond avait osé concevoir par amour pur de son enfant et qu'il était en train d'exécuter avec l'obstination d'un Lucifer » (I, p. 1149). Les oxymores expriment la jonction de deux lignes qui ne sont pas naturellement faites pour se croiser.

Le remarquable est que les deux tiges opposées (le satanique et le magnanime) que peut alimenter la racine commune, l'énergie de l'ipséité, se dressent de conserve à la lumière du jour[44]. Que de contradictions se résoudraient en de simples paradoxes si l'on s'avisait de cette sous-jacence unifiée. Barbey en a soupçonné quelque chose lorsqu'il fit observer dans l'*Ensorcelée* que « l'envers, le dessous de toutes les choses humaines (est) du merveilleux tout aussi inexplicable que ce qu'on nie, faute de l'expliquer » (I, p. 583). Sentence à la lumière de laquelle il convient de lire cette autre : « La haine se pressent comme l'amour. Elle est soumise aux mêmes lois mystérieuses » (I, p. 649).

Cet entrelacement traverse souterrainement *Un prêtre marié*. Le lecteur le soupçonne à travers la toute dernière parole de Calixte qui, avant d'entrer en agonie, reconnaît son échec en termes étranges : « *Nous* sommes condamnés ! » (p. 1201).

44. Sur un tout autre registre, le personnage aurevillien qui peut être ici comparé à Sombreval est la courtisane Rosalba, dont le prénom dit assez la nature double, courtisane voluptueuse et parfaitement pudique (II, p. 211-212). Le plus souvent, une force refoule l'autre. Il arrive, comme dans la *Vengeance d'une femme*, que l'une succède à l'autre, Barbey ayant tenu à faire de la future prostituée par haine de son époux une amante chaste et quasi-mystique (II, p. 249-250). Renversement du tout au tout, d'un excès à l'autre qui s'explique par l'*énergie* — que son confident et client d'un jour lui reconnaît — et qu'elle aurait pu employer dans une existence adonnée à la vertu (II, p. 255).

Échec pour n'avoir pu remplir son devoir surnaturel envers son père qui meurt dans l'impénitence. La supposition serait tout à fait gratuite d'une intercession de Calixte en sa faveur dans la région divine. *Un prêtre marié* ne rejoint pas la même conclusion que le *Faust* de Goethe. Et puis, rien n'indique que Sombreval aurait accepté le principe même d'un salut qu'il avait méprisé. Ce qui rappelle une pensée du vieux Schelling qui met l'homme dans « l'alternative de posséder la béatitude comme une acquisition propre ou bien d'en être privé » (S XII, p. 144).

Mais pourquoi la première personne du pluriel ? Serait-ce que la substitution est susceptible de jouer dans les deux sens en sorte que la velléité de communiquer la grâce perce un canal que la contagion de la damnation est en état d'emprunter ? L'auteur d'*Un prêtre marié* n'oublie pas une ligne tracée dans l'*Ensorcelée* : « Ce qui doit nous sauver peut nous perdre » (I, p. 592). Bien qu'il ait voulu peindre le parfait portrait d'une céleste, Barbey n'aura réussi qu'à la charger d'une lourde responsabilité dans l'aggravation du péché de l'ecclésiastique, jusqu'au sacrilège. Raffinons encore l'analyse : entre le père et sa fille la ligature d'âme autorise à suggérer une relation de double, comme si la conscience sacerdotale brutalisée se clivait en *chimiste* et *carmélite*, *antithéiste* (cf. I, p. 1211) et *théiste*, le contraste recouvrant une telle unité de fond que le salut ou la perte de l'un entraîne le salut ou la perte de l'autre. Il est à noter que Sombreval est le nom de famille, non le prénom du prêtre, si bien que la fille est également une *sombre-val.* La relation de paternité est l'indice, en symbolique, d'une causalité dynamique. Par cela même que l'abjuration gagne en amplitude, elle produit un mouvement de bascule, et ceci sans l'intervention du libre arbitre. De fait, l'être de Calixte, cette âme d'élite, est déterminé dès sa conception, le stigmate crucial au front en portant témoignage. La fille est l'envers du père. C'est pour cela même que sa sainteté tient de l'idéalité plutôt que de la réalité. Ceci dans l'esprit du roman. Qu'une sainteté puisse relever totalement de la réalité en dépit (ou à cause) d'une hérédité maligne ou barbare, Barbey en atteste dans son œuvre critique, notamment lorsqu'il évoque « l'âme inouïe » de Louise-Adélaïde de Bourbon-Condé dans les veines de qui coulait « le sang altier (...) de ces terribles sangliers sauvages des Condé »[45].

La définition du mal comme un « schisme de l'être » que Barbey lut sous la plume de Joseph de Maistre[46], est susceptible de variations par delà la négation de la substantialité du mal (« il n'est pas vrai », précisait Maistre), car elle vaut également pour la dépravation de la créature suite à la

45. *L'Œuvre critique*, IV, p. 239.
46. *Considérations sur la France,* ch. IV.

chute. Mais aussi, dans la sphère de la production imaginaire, comme un principe explicatif du clivage d'une individualité en deux personnages souterrainement liés. Calixte n'est pas pécheresse en elle-même (ceci dit en contradiction avec le théologoumène de la peccabilité universelle[47]) ; le péché de l'individualité, dont elle figure un aspect, est exprimé en Sombreval.

Inversée, la sentence de *L'Ensorcelée* devient : « Ce qui doit nous perdre peut nous sauver ». Il n'y a cependant pas trace chez Barbey de la nécessité de passer par l'enfer pour accéder au paradis. Sombreval pouvait être sauvé par sa fille (ou par l'amour porté à sa fille), non par le détour de la rébellion.

IV

De quoi rappeler l'axiome fondamental du *Dessous de cartes d'une partie de whist* : « L'enfer, c'est le ciel en creux. Le mot *diabolique* ou *divin,* appliqué à l'intensité des jouissances, exprime la même chose, c'est-à-dire des sensations qui vont au sur-

47. D'un autre disciple de Maistre : « Pour ne pas oublier la chose capitale, / Nous avons vu partout, et sans l'avoir cherché, / Du haut jusques en bas de l'échelle fatale, / Le spectacle ennuyeux de l'immortel péché » (Baudelaire, *Le Voyage*).

naturel » (II, p. 155). Jacques Petit commente : « Phrase essentielle, puisqu'elle explique cette opposition constante chez Barbey du *diabolique* et du *divin* ; l'idée n'a d'ailleurs rien de particulièrement original, c'est l'expression la plus simple du satanisme » (II, p. 1317). Je ne partage pas cet avis. Loin de monter en épingle l'opposition, le changement de signe repose sur l'identité dialectique. La proposition est si peu banale qu'elle est de tonalité schellingienne !

Examinons le contexte. Il y est question du bonheur dans l'imposture. Et voici le passage qui précède immédiatement : « Les natures *au cœur sur la main* ne se font pas l'idée des jouissances solitaires de l'hypocrisie, de ceux qui vivent et peuvent respirer, la tête lacée dans un masque. Mais quand on y pense, ne comprend-on pas que leurs sensations aient réellement la profondeur enflammée de l'enfer ? Or, l'enfer, c'est le ciel en creux » (II, p. 155). Cette dernière séquence se présente d'abord comme un composé équivoque : si l'*enfer* désigne en effet le mal à l'état pur et, en l'occurrence, l'imposture dans le contraste entre le dessus et le dessous des tables (du jeu mondain et même du repas familial), le *ciel*, pour sa part, remplace le terme de bonheur (et non pas le bien) comme quand on fait entendre que l'amour ou qu'être libre (ou le devenir, selon Fichte), c'est le ciel[48]. C'est donc le bonheur qu'on tire du port du masque imperturbable de l'innocence, égal en intensité à la béatitude, qui est signifié. Mais si l'équation ne disait pas davantage elle se serait contentée d'asserter que l'enfer, c'est le ciel : en la conscience d'être ou de commettre le mal seraient goûtées les *véritables* délices comme les protagonistes incestueux d'*Une page d'histoire* « trouvaient le paradis terrestre dans un sentiment infernal » (II, p. 372) et peut-être aussi par sa médiation. En spécifiant que l'un est l'autre *en creux*, Barbey convie à prendre le second terme également dans sa teneur morale (et non plus esthétique) comme la métaphore du bien.

On fera l'observation que Barbey ne dit pas que l'enfer est en creux *dans* le ciel, ce qui aurait inclus le diable dans le bon Dieu et aurait été de nature à corrompre ce dernier ou le confondre avec son antagoniste[49]. Le jeu du creux et du relief

48. « For love is heaven, and heaven is love » (Walter Scott, *Lay of the last minstrel* III, 2).

49. Il ne convient pas non plus que le ciel est en creux dans l'enfer, bien que l'ensorcelée se rapproche de l'idée lorsqu'elle souhaite entraîner à sa suite dans la damnation le prêtre pour qui elle se consume en vain, car « l'enfer sera bon alors ! il me vaudra mieux que la vie » (I, p. 668). Ce n'est pas là le scénario qu'imagina Dante pour le couple de Paolo et Francesca unis dans le cercle des luxurieux (*Inferno*, V, 74) ou une reprise de la parole inspirée de Calixte : « Il n'y a plus d'enfer quand on aime » (I, p. 1191), mais une version de la vengeance, car voici qu'elle ajoute : « Lui qui ne sent rien

induit à la fois une continuité et une discontinuité, comme d'un même paysage qui comporte vallées et collines. Toutefois, la différence est de deux natures, soit sur l'axe de la qualité (différence essentielle), soit sur celui de la quantité (différence inessentielle). La deuxième modalité, faible, concevrait, si elle était ici admise, une variation dans l'intensité qui ferait l'enfer une diminution du ciel, ce qui n'offrirait évidemment qu'un contresens et se trouverait invalidé par la suite qui met les intensités du diabolique et du divin au même niveau. Il faut donc l'écarter bien que par ailleurs connue de Barbey[50]. La première modalité, la forte, permet de considérer, à la lumière de Schelling, que le creux traduit un état inversif (la vallée est l'anti-colline, et réciproquement) et non simplement dépressif (la vallée est une colline vidée).

de ce que j'éprouve, peut-être se doutera-t-il de ce que je souffre, quand les brasiers de l'enfer chaufferont enfin son terrible cœur ! » Variation inédite sur la théorie véhiculée par certains théologiens catholiques, et que Barbey n'ignore pas, de la contemplation des suppliciés dont bénéficient au paradis les élus (gorgés encore de ressentiment, comme Nietzsche en a fait la remarque dans sa *Généalogie de la morale*) — à ceci près que Jeanne, l'ensorcelée, désire faire partager sa douleur.

50. Barbey utilise la concavité dans ce sens lorsqu'il fait de Lamennais « un Luther attardé et affaibli, un Luther en creux » (Barbey d'Aurevilly, *Articles inédits*, Paris, Les Belles Lettres, 1972, p. 220), soit un affaissé par comparaison (et nullement un anti-Luther). Il a aussi de ces convictions leibniziennes : « La Nature procède par nuances » (II, p. 1611).

Il est d'abord à noter qu'une réalité, la terre, est exclue de l'équation inversée. L'enfer et le ciel ne croisent le fer avec la terre et ses médiocrités qu'à titre secondaire. Leur inimitié mutuelle est le préalable absolu. Quant au point de vue de la terre clamant son autonomie et sa confiance en l'homme (legs des Lumières et de Rousseau honni par Barbey), elle finit par nier la réalité du mal dès lors qu'elle le confond avec les appétits sensibles qui ralentissent l'exercice de la vertu ou la saccagent, c'est-à-dire proprement avec l'animalité. Ce que représente la terre prise en elle-même : le paganisme, susceptible certes de tenir tête au ciel et même de le contrer en virant au satanisme[51]. Schelling, suivant en cela Kant, est hostile à cette fallacieuse tentative d'opposer au ciel la terre au lieu, « comme il se doit », l'enfer (S VII, p. 371). En creusant un abîme entre bien et mal, on s'interdit d'admettre un passage en dégradé de l'un vers l'autre (soit une opposition irréelle), ce qui aurait été le cas si la dispute n'avait mobilisé que la terre, et ceci afin d'empêcher toute option intermédiaire, tiède (cf. Ap. 13 :16), ou carrément l'indifférence. Par l'exclusion du tiers entre le Oui

51. Je pense au constat de l'abbé Vestris : « La vie du prêtre devient de plus en plus difficile, surtout dans ce pays-ci, qui se ressent encore de son long et tardif paganisme. Cette terre se défend contre le Ciel. Elle le fait sans violence, doucereusement, et voilà le danger. Son diabolisme est à forme courtoise » (La Varende, *La Sorcière*, VI).

et le Non, le ciel et l'enfer, l'homme est commis à la décision. Il n'y a guère de place pour les limbes ou le purgatoire.

Schelling a son mot à dire (dont Barbey n'a pu prendre connaissance) sur le ciel en creux : « Certes, la vertu ne procède pas du vice selon le concept et l'essence, mais en un sens réel : du vice surmonté et mis à mort. Partout le ciel repose sur l'enfer et l'on peut rendre cette proposition lumineuse pour chacun. Le ciel est l'accord suprême des forces, l'enfer leur discorde suprême. L'accord vivant est la discorde surmontée et subjuguée. Le ciel resterait privé d'effet sans l'enfer. Le sentiment du ciel n'existe que dans la victoire perpétuelle remportée sur l'enfer de la discorde »[52]. Quand deux réalités sont corrélatives, l'une n'a point d'existence sans l'autre, en sorte que la manifestation de l'une convoque nécessairement celle de l'autre. Dormante, l'énergie s'avive de leur empoignade. L'organe de l'action vertueuse comprend son propre obstacle[53]. Le ciel est l'enfer en creux, au sens où le ciel se définit par sa domination de

52. *Réponse à Eschenmayer* de 1812 ; S VIII, p. 174-175. L'écrit a échappé à l'enquête de Willm. On a la preuve qu'il en ignore l'existence puisqu'il croit que depuis 1809 Schelling n'a fait paraître que sa *Réponse à Jacobi* et la dissertation sur les *Divinités de Samothrace* (W, p. 359).

53. Un schellingien comme Vladimir Jankélévitch saura tirer de cette idée de fines analyses. Voir son *Traité des vertus*, ch. I, II.

l'enfer ou que le bien *est* le mal. Que ce soit le prêtre dont la probité chancela et qui abdiqua sa respectabilité, ce Riculf engrossé par son désir (et non Lasthénie pure de tout acte délictueux, mais condamnée par son nom à manquer de vigueur) qui sera peut-être auréolé de la gloire céleste, cela ne devrait avoir rien d'insolite ; je dis *peut-être* parce rien ne l'assure : Dieu dispose souverainement, à la fois parce qu'il est le seul à sonder les reins et les cœurs, et qu'il juge selon ses vues à l'homme impénétrables. Un proverbe devrait toutefois donner l'alerte : « Il n'a pas créé le ciel pour les oies ». Retenons l'avertissement de Barbey : « Seule la sainteté, la sainteté absolue, qui a pour caractère de produire le surnaturel dans les âmes peut transformer à ce point la nature »[54]. Qu'il y

54. *Victor Hugo*, Paris, Crès, 1922, p. 15. L'implacable dénigreur (et qui n'aurait pu faire figure, en cette circonstance, de zoïle exterminateur), n'a pas assez vécu pour fustiger *Vérité* de Zola. L'écrivain naturaliste oppose dans l'Église deux conceptions, celle des réguliers dont le Dieu est cruel, fanatiques qui intriguent au profit de leur Ordre, et celle des séculiers qui vénère le Jésus de vérité et de justice. Il ne semble pas réaliser qu'au milieu de ceux-ci et de ceux-là dont la foi dans le surnaturel s'est fortement édulcorée, c'est seulement pour Gorgias, le capucin violateur et meurtrier, que damnation et salut sont des réalités vivantes et que la confession n'est pas une inutilité. À défaut d'être bon chrétien (dans un roman où les vertus humanistes tiennent le haut du pavé), il réussit à être l'unique. C'est moins au nom de la vertu qu'à celui de la vérité divine que Barbey eut ses plus belles indignations.

ait mutation de l'extrême en extrême devrait si peu choquer qu'ainsi seulement s'opère un retournement total, et non par un perfectionnement graduel des facultés morales.

En capitulant, bien que sidérablement belle, avant même de descendre dans la lice pour ce qu'elle est « d'une trempe trop divine pour cette terre de perdition » (I, p. 486), Hermangarde ne se verra pas décerner la palme de la vertu s'il est vrai, comme dit l'Apôtre, que « nul ne sera couronné s'il n'a pas loyalement combattu » (II Tim 2 :5)[55] ; et si de son côté la sublime Calixte peut prétendre à la sainteté, c'est seulement en raison de son effort inlassable (bien que finalement trompé) d'exorciser son double sombre et dévalant. Dans son article sur Georges-Alfred Lawrence, Barbey a soin de distinguer deux types de femmes : « Il y a la Provocante terrible, le démon charmant, l'Astarté, et en vis-à-vis, pour le combat qui doit la tuer, la Pudeur fière, l'Amour profond, celle qui presque toujours, dans sa lutte contre l'autre, doit mourir… »[56]. Du moins aura-t-elle lutté. « *Sic itur*

55. Pour être inerme (contrairement à sa pugnace rivale), elle n'est pas pour cela irréprochable, déjà par cela qu'elle manque à protéger son amour. Ensuite, si angélique qu'elle soit, elle est blâmable — d'avoir fait passer l'Éternel au second plan : « Son bonheur, dont elle était bien punie, avait dévoré dans son âme la place quelle y devait à Dieu » (I, p. 498).

56. *L'Œuvre critique* I, p. 1272.

ad astra »[57]. L'optimisme ingénu est plus propre à égarer l'âme et l'esprit qu'à les maintenir sur la voie de la vérité et de la vie. Cela tient, entre autres raisons, à la difficulté de deviner l'enfer sous l'apparence de ciel[58].

Sur la force qui subjugue l'ennemi intime, Barbey a ses révélations et de surprenantes trouvailles. Dans la recension qu'il fit du livre de Monnin sur le curé d'Ars : « Dieu (...) n'avait-il pas mis le cœur de son meilleur ami derrière les traits de son ennemi le plus implacable ? (...) Le curé d'Ars ressemble à Voltaire comme saint Vincent de Paul ressemble à un satyre, mais chez tous les deux, le Saint a tué la bête, — chez l'un, luxurieuse certainement, chez l'autre, peut-être cruelle »[59]. On peut chicaner le valeureux Connétable des lettres sur l'emploi du verbe car la bête ne peut

57. « C'est ainsi qu'on s'élève aux étoiles » (Virgile, *Énéide*, IX, 641).

58. On pense à la formule de Luther : « ... le ciel du pape, qui est un abîme de l'enfer » (*Œuvres*, Genève, Labor et Fides, 1967, p. 60). La copule ici n'est pas dialectique.

59. *Philosophes et écrivains religieux,* 2e série, Paris, Frinzine, 1887, p. 358. Barbey s'est peut-être souvenu ici du saisissant portrait de Voltaire que fit Maistre (*Les Soirées de Saint-Pétersbourg*, IV). Schelling n'appréciait pas davantage Voltaire, sans toutefois le diaboliser. Après avoir souligné la médiocrité de l'*Henriade* (S V, p. 410), il en fit le représentant du bon sens vulgaire érigé en juge des intérêts spirituels (S V, p. 440).

être anéantie, seulement maîtrisée[60], et même asservie et domestiquée — et c'est aussi ce qu'entend Schelling en dépit de l'usage qu'il fait du même vocable (*getödteten*) —, à moins que par l'animal ce ne soit pas tant l'énergie elle-même, la libido, qui est considérée, que sa modalité maléfique en sorte que l'extinction de la luxure signifierait la reconduction de l'énergie à sa source et son réemploi dans les voies de la vertu militante, réemploi nécessaire car, dit le philosophe, « un bien sans ipséité active est lui-même un bien inefficace » (S VII, p. 400).

Une conclusion s'impose qui complète le propos de Schelling : le mal à son tour ne se conçoit pas sans une lutte acharnée contre le bien[61]. Ce faisant il est obligé de le poser : il est, dialectiquement, le bien. C'est la raison pour laquelle en dépit de leur ferme persuasion que l'incroyance n'a que faire du blasphème puisqu'il n'offense qu'un néant de Dieu[62], les athées se voient contraints de s'exalter

60. « Dieu dans sa sagesse, / Mit l'Ange au-dessus du démon ! » (II, p. 1181). Le contexte du poème montre assez que ce n'est la hiérarchie ou la préférence qui sont en cause, mais la maîtrise. Demeure la question : que faire du démon puisqu'il n'est pas mis à mort ?

61. Voir S VII, p. 379-380. Cf. J. Hatem, *L'Écharde du mal dans la chair de Dieu,* Paris, Cariscript, 1987, ch. III.

62. « M. Reniant [autre prêtre renégat] n'a pas fait là une chose si crâne pour que toi, tu puisses tant l'admirer ! S'il avait cru que c'était Dieu, le Dieu vivant, le Dieu vengeur qu'il jetait aux porcs, au risque de la foudre sur le coup ou de l'enfer,

dans l'antithéisme et d'arborer sur leur front le signe de la Bête. Ne serait-ce pas une manière cérémonieuse de traduire leur incroyance spéculative non plus simplement en morale épicurienne, mais en mécréance pratique ? Abriteraient-ils plutôt dans leurs âmes de vénérateurs de soi quelques parcelles de Dieu ? Barbey ne le dit pas alors qu'il affirme de Baudelaire avec un aplomb imperturbable que « ses blasphèmes prouvent la profondeur de sa foi »[63]. Les athées en veulent à toute sainteté et la première que leur exécration ait à offenser est celle du Trois-Fois-Saint. La haine se déverse sur l'amour qui l'a

sûrement, pour plus tard, il y aurait eu là du moins de la bravoure, du mépris *de plus que la mort*, puisque Dieu, s'il est, peut éterniser la torture. Il y aurait eu là une crânerie, folle, sans doute, mais enfin une crânerie à tenter un crâne aussi crâne que toi ! Mais la chose n'a pas cette beauté-là, mon cher. M. Reniant ne croyait pas que ces hosties fussent Dieu. Il n'avait pas là-dessus le moindre doute. Pour lui, ce n'étaient que des morceaux de *pain à chanter,* consacrés par une superstition imbécile, et pour lui, comme pour toi-même, mon pauvre Rançonnet, vider la boîte aux hosties dans l'auge aux cochons n'était pas plus héroïque que d'y vider une tabatière ou un cornet de pain à cacheter » (*À un dîner d'athées*, II, p. 201). Barbey néglige de considérer le dessein de heurter jusqu'à l'âme les personnes auxquelles les profanateurs infligent le spectacle de leur méfait. Il suffit que la victime ait la foi pour que la malfaisance soit efficace, foi qui est même susceptible d'entraîner sa perte. Ainsi chez La Varende, le chouan qui doit impérativement sauver de la souillure les hosties (qu'il croit) consacrées et qui paie de sa vie sa fière entreprise (*Le Centaure de Dieu*, I, 8).

63. *Le* XIXe *siècle,* II, p. 332.

jadis terrassée[64]. La proposition qui veut que l'amour soit l'âme de toute haine a une signification ontologique (avant de pouvoir servir en psychologie). Elle formule cette identité dialectique du bien et du mal qui fait prononcer par Schelling que « le mal en soi est, c'est-à-dire dans la racine de son identité, le bien de même que le bien est, en revanche, envisagé dans sa scission ou sa non-identité, le mal » (S VII, p. 400). Autrement dit, comme l'élément matériel dont se forment le bien ou le mal est le même, la différence reposant sur une combinaison différente (cf. S VII, p. 370), dérivée d'une intention, le bien désagrégé fournit sa réalité au mal tandis que le mal doit compter sur la consistance du réel (l'identité) pour le disloquer et le subvertir. Comprenons que l'identité est l'autre nom de l'amour. Il n'y a donc de mal que de l'amour qu'il déchire. En clair : on ne met vraiment à mal que le bien (l'être, la bonté). Vient-il à disparaître, il abolit le mal par le fait même[65]. La proposition n'est donc pas à prendre, à contresens,

64. « Vous avez donc vengé messieurs les porcs de l'Évangile, dans le corps desquels Jésus-Christ fit entrer des démons (...). Vous avez mis le bon Dieu dans ceux-ci à la place du Diable : c'est un prêté pour un rendu » (II, p. 199). Aux athées railleurs échappe le sens de l'acte. Ils déplacent l'enjeu par ignorance qui tient à leur défaut de satanisme. Il ne s'agissait pas tant de répliquer à une ingression par une autre que de souiller l'Amour qui avait réussi à expulser les démons.

65. « L'unité est-elle entièrement supprimée, l'antagonisme le sera par là même aussi. C'est la mort qui vient mettre un terme à la maladie » (S VII, p. 371).

comme si elle énonçait une plate tautologie. Elle doit plutôt rappeler la haine dont la lumière fait l'objet selon l'Écriture (Jn 3 :20) ou bien l'irrémissible péché contre l'Esprit-Saint, consistant à accuser l'Amour de chasser les démons au nom du royaume de Satan (Mc 3 :28-30 ; Mt 12 :24-32).

Or Willm, qui n'a d'ailleurs pas réservé ses meilleures pages à l'interprétation des *Recherches sur la liberté humaine*, fausse l'esprit de leur visée spéculative. Voici d'abord la traduction qu'il offre du passage : « S'il n'y avait pas dans un corps un principe de froid, il ne serait pas sensible au chaud. Il est impossible de concevoir une force d'attraction et de répulsion prise en soi : elle se supposent réciproquement. C'est pour cela que *dialectiquement* parlant, il est juste de dire que le bien et le mal sont identiques, une seule et même chose envisagée sous deux aspects, ou que le mal considéré en soi, c'est-à-dire, dans la racine de son identité, est le bien, de même que d'autre part le bien, considéré dans sa désunion, dans sa non-identité, est le mal. C'est pour cela qu'on a raison de dire que celui qui n'a pas en lui de force pour le mal, etc. » (W, p. 333-334). Notons d'abord que la comparaison avec le froid et le chaud est abrégée : la présupposition réciproque est développée par Schelling de la manière suivante : « car sur quoi la répulsion devrait-elle s'exercer si l'attraction ne lui procurait un objet, et sur quoi s'exercerait l'attraction, si elle ne possédait en même temps en soi-même un élément répulsif ? » (S VII, p. 400). Mais cela ne prête pas ici à conséquence. Plus grave est qu'au lieu d'expliciter le texte qui précède la citation, Willm énonce : « Mais qu'importe au fond cette question du panthéisme ? Selon le principe de l'identité, il n'y a pas de réelle différence entre le bien et le mal, et fidèle à cette doctrine de la coïncidence des opposés, M. de Schelling a pu dire que le bien et le mal sont identiques » (W, p. 333). L'allusion au principe d'identité ne laisse pas d'être ambiguë car si Willm s'est étendu sur la philosophie de l'Identité, il n'a rien dit de l'acception nouvelle que prend ce principe (dans l'Introduction des *Recherches*), à partir notamment de la signification de la copule comme lien de fondation qui, dans le cas de Dieu comme fondement (Dieu *est* tout) lui donne d'être tout en tout — en sorte que le principe d'identité se trouve ramené au principe de raison (ou de fondement : *Grund*). Dire qu'une chose est une autre ne signifie pas leur réduction à la pareilleté (« *Einerleiheit* »), au sens que c'est du pareil au même, mais établit entre elles un rapport de fondation : l'une (le sujet) est le fondement de l'autre (le prédicat) car rien n'est sans raison. Pour donner un exemple de grande portée qui rejoint notre thème : « Soit la proposition : "le bien est le mal" ; elle veut dire simplement que le mal n'a pas la puissance d'être par soi-même ; ce qui en lui est étant, c'est, considéré en et pour soi, le bien. Mais on l'interprète comme la négation de la différence éternelle du juste et de l'injuste, de la vertu et du vice, comme si les deux choses revenaient logiquement au même » (S VII, p. 341). Willm prête donc à Schelling ce dont ce dernier se défend avec la dernière vigueur. C'est que lui échappe la signification que revêt le concept schellingien de dialectique qui établit un lien entre des réalités différentes[66], voire opposées[67]. Il a traduit le terme sans en évaluer le poids. En a-t-il pénétré la profondeur du sens ? Sans doute le plus clair lui en échappe. Or Schelling avait précisément fait usage du concept dans l'introduction à son traité afin d'élucider l'essence de la copule, et de telle manière qu'il décoche un trait ironique à son commentateur : « En présence de semblables mésinterprétations [comme de confondre le bien et le mal] qui, lorsqu'elles ne sont pas intentionnelles, présupposent un degré d'immaturité dialectique que la philosophie grecque avait dépassé presque dès ses premiers pas, cela devient un devoir impérieux que de recommander l'étude approfondie de la logique » (S VII, p. 342). Or que fait Willm

66. Willm pouvait lire dans les *Aphorismes sur la philosophie de la nature* qu'une chose n'est pas identique à une autre si elle en est l'essence (S VII, p. 205, 219).

67. Schelling enseigne à Stuttgart que « le plus opposé est toujours le plus lié » (S VII, p. 448). Texte posthume que Willm n'a pas lu.

sinon aggraver son cas ? À la suite de la longue citation où Barbey a puisé, il écrit : « “... et ses instruments immédiats”. M. de Schelling a beau protester contre cette interprétation : évidemment c'est là nier, non pas seulement toute différence absolue entre le bien et le mal dans la nature, mais encore entre le bien et le mal dans le monde moral, entre le juste et l'injuste, l'honnête et le déshonnête » (W, p. 334). Un beau tissu de contresens ! Mais alors que signifie, selon Schelling, la formule sibylline suivant laquelle le bien *est* le mal ? J'y reviens donc. Pour la dépsychologiser totalement, on la pourrait mettre en miroir avec la définition que Thomas d'Aquin propose : le bien est le sujet du mal[68]. Si le mal n'a pas la puissance d'être par soi, on est fondé à conclure qu'il doit être dans un autre qui a statut de sujet, de ce qui se tient *en-dessous* (*sub-jectum*). Or, en fonction de l'assertion de la bonté de l'être[69], ce en quoi s'enracine la fleur vénéneuse, à savoir l'étant, doit être le bien[70]. Exemple thomiste : la perte de la vue (qui est un mal) ne se peut qu'en un homme (le bien). Loin que

68. *Somme contre les Gentils,* III, 11-12.

69. « Il n'y a rien à changer, dit Pindare, rien à blâmer, dans tout ce que produisent la terre splendide et les vagues de la mer » (fr. 95).

70. *Ibid.* III, 7. On voudra bien relire la phrase de Schelling : « ce qui en lui est étant... » Barbey a également pris connaissance de la conviction du Schelling des *Aphorismes* que « rien en soi n'est imparfait » (W, p. 286).

le mal soit engendré mécaniquement par le bien, il est lui-même, en tant que prédicat, purement contingent[71], en conséquence de quoi on aurait pu ne pas y consentir. Ce n'est pas le bien qui passe infailliblement dans le mal, c'est éventuellement le pouvoir-être qui transite dans l'être-déterminé pour autant qu'il ne parvient pas à se maintenir dans l'indécision ou ne le doit. L'ambiguïté doit être tranchée, professe Schelling, car tout doit se manifester (XII, p. 142 ; cf. Mc 4 :22). Pour être contingent, il n'en est pas moins dynamiquement fondé sur le bien. Exemple que fournit Satan lui-même (celui de Milton) appelant à

> « S'efforcer de trouver dans le bien les moyens du mal »[72].

Le diable est logicien, rappelle un des athées du fameux dîner (II, p. 203). Précision : dans cette discipline, sa préférence se porte à la dialectique !

Évidemment, les conséquences qui sont tirées par saint Thomas et Schelling de la proposition de

71. Schelling s'est clairement exprimé dans sa dernière philosophie sur le fait que A est B (dans une proposition réellement prédicative, non tautologique) signifie que A est le *sujet* de B, ce qu'il explique de la manière suivante : A, qui est pour soi sans B (et donc n'est pas B), pourrait être quelque chose d'autre que B ; pour être B, il transforme sa puissance d'être autre par rapport à B en puissance de B (S XII, p. 53 ; XIII, p. 228). Bref, loin de se confondre, sujet et prédicat sont en relation d'opposition.

72. *Le Paradis perdu*, I, 165.

base, et même sa justification, divergent et parfois du tout au tout. Il n'en reste pas moins que c'est ici la même équation bien que Schelling refuse par ailleurs de définir le mal comme défaut du bien, ce qui lui permet précisément d'en reconnaître l'efficace, car non seulement il y a une différence réelle entre le bien et le mal (ce que Willm a malencontreusement manqué de constater), mais le mal lui-même est réel (ayant sa formule structurelle, on pourrait même dire sa figure sans pour autant disposer d'une consistance ontologique propre). Schelling récuse la théorie augustinienne du mal comme privation du bien (consistant à ne pas accomplir l'acte prescrit) au profit de celle (dont la mise en œuvre est portée au crédit de Baader[73]) de la perversion (*Verkehrtheit*) positive des volontés universelle et particulière en l'homme en sorte que celle-ci se subordonne celle-là (S VII, p. 366)[74] ou

73. Baader parlera également, dans sa *Revision der Philosopheme der Hegel'schen Schule* (*Sämmtliche Werke*, Leipzig, Bethmann Verlag, 1851-1860, IX, p. 318), d'un déplacement comme déposition (*Versetzheit*) de la loi (*Gesetz*) en tant que le posé (*Gesetzte*). Barbey a noté, on se demande pourquoi, que Baader avait été influencé par Schelling (O, p. 42), ce qui, par ailleurs, ne manque pas de justesse.

74. À comparer avec la théorie kantienne du mal comme subversion des maximes (dans *La Religions dans les limites de la simple raison*, I, ch. II-III), faisant passer l'amour-propre avant la loi morale de telle manière — non pas qu'elle soit abolie (ce serait satanisme) —, mais qu'on ne la suive qu'à la condition de sa conformité à la satisfaction des mobiles de l'amour de soi, ce qui est proprement *consentir* à l'impureté

que celle-ci se fait carrément passer pour celle-là. La première n'est pas à penser comme la totalité des volontés singulières, mais bien comme expression de l'amour divin, de ce qui ressortit à la généralité de l'entendement. La volonté propre (expression du fondement), liée dans les autres créatures (par exemple la soumission à l'instinct et l'obéissance aux décrets de l'espèce), se manifeste chez l'homme comme libre (cherchant à exister pour elle-même, en dehors de la cohésion divine car pour s'affirmer elle doit exclure tout ce qui n'est pas elle, en sorte d'ordonner tout par rapport à soi) et capable non seulement de s'opposer à la volonté universelle qui, parce qu'elle s'ordonne par rapport au tout, est lien d'amour, *être-pour-les-autres* ou, comme le dira le vieux Schelling, *service* de l'ensemble (S XI, p. 529), mais même de la dominer afin de l'instrumentaliser[75]. La liberté

(c'est-à-dire à l'entremêlement de motifs égoïstes à ceux requis par l'impératif moral). Insondable, chez Kant, la cause de la « perversion du cœur » fait l'objet des *Recherches sur l'essence de la liberté humaine.* L'approche kantienne est trop étriquée dans la perspective des diaboliques aurevilliens. Nul d'entre eux qui ait le sentiment de souiller de motions intéressées son acte moral car aucun n'a le sentiment ou même la velléité d'obéir à la loi morale. Ce n'est pas de mauvaise foi qu'ils sont coupables.

75. Ceci rappelle une réflexion de l'*Émile* : « (...) le bon s'ordonne par rapport au tout et (...) le méchant ordonne le tout par rapport à lui » (Rousseau, *Œuvres complètes*, IV, Paris, Pléiade, 1969, p. 602).

par elle-même, en tant que posture, implique une séparation d'avec Dieu, séparation qui est condition du mal évidemment, mais aussi du bien !

On est d'autant plus en droit de s'étonner que Willm se trompe aussi lourdement qu'il a résumé correctement le passage de l'admirable *Discours sur le rapport des arts plastiques avec la nature* intéressant notre propos : « M. de Schelling discute ensuite le précepte qui veut que l'expression de la passion soit aussi modérée que possible, afin que la beauté de la forme soit respectée. Selon lui, il faut dire plutôt que la passion doit être tempérée par la beauté même. Il est à craindre que par cette modération on n'entende quelque chose de négatif, tandis qu'il s'agit d'opposer à la passion une force positive. Car, ainsi que la vertu ne consiste pas dans l'absence des passions, mais dans l'empire que l'esprit exerce sur elles, de même la beauté n'est point exprimée par une diminution de l'énergie des mouvements passionnés, mais par une domination de la beauté sur eux. Il faut donc que la passion éclate véritablement ; il faut qu'il soit visible qu'elle dépasserait toute limite si elle n'était contenue par la force du caractère, ainsi que les flots d'un torrent vont se briser contre ses bords, et les remplissent sans pouvoir les franchir » (W, p. 351, renvoyant à VII, p. 310). On voit que la dialectique de la passion et de la vertu repose entièrement sur le principe du surmontement. Il est dommage que Willm n'ait pas poursuivi sa citation, ce qui eût donné à Barbey l'occasion de lire : « Cette tentative de modération pourrait du reste faire songer à celle, insipide, des moralistes qui, pour avoir raison de l'homme, aiment mieux tronquer sa nature et enlever aux actions toute positivité, de sorte que le peuple se repaisse au spectacle de grands crimes pour se restaurer encore à la vue de quelque chose de positif » (S VII, p. 310), positif au sens de réel et de vivant. On imagine le sort que Barbey aurait fait à pareille idée sagittée, non certes dans les ineptes plaidoyers de son œuvre romanesque qu'il a cru devoir consentir à l'opinion, mais pour sa conviction personnelle et sa justification à la face de la vérité, guère devant le monde anémié.

Surmonter n'est pas anéantir. Schelling ne s'octroie pas cette facilité, comme le fit Jacob Boehme, de faire passer la volonté propre pour l'Antéchrist qu'il est impératif de tuer afin de retourner à l'état d'enfance[76]. D'une part, il n'y a pas de retour possible à cet état, de l'autre, la volonté propre ne saurait être identifiée au mal. Si au lieu de rester subordonné à l'amour, l'égoïsme prétendait à s'ériger en maître de pouvoir et de vérité, il déchirerait le lien qui les unit en une vraie unité car l'égoïsme est le support nécessaire

76. *Theosophische Sendbriefe*, XXXI, Franckfurt am Main-Leipzig, Insel, 1996, p. 254-255.

et légitime de tout étant — à condition de persister dans sa vertu de pilier afin que se déploie librement l'amour comme il apparaît dans un poème de Schelling où la disposition au service (« *Gerne will ich dir dienen* ») est mise en rapport avec le refus de se saisir de l'aimée (« *Ich will dich nicht umfassen* »)[77]. Dans la situation contraire, lorsque l'égoïsme prend l'ascendant, cherchant à réduire autrui à soi, se forme une fausse unité (S VII, p. 371), qui est disharmonie ou même dissension (la non-identité dont il a été question), mais disharmonie positive (la théorie du mal comme positif interdisant droit de cité à celle du mal comme privation de bien). C'est dire que nous avons affaire à une autre combinaison des éléments qui constituent le bien. Dans le bien, Dieu domine le fondement ; dans le mal, c'est l'inverse — retournement qui n'advient qu'en l'homme (ni en Dieu, ni en l'animal) et à quoi correspond en lui la tension entre la suprématie que la volonté universelle (qui tient à des motifs valables pour tout être raisonnable) doit exercer sur la volonté propre (dont la fin est subjective et intéressée) dans le bien et la suprématie qui lui fait face, dans le mal, où la volonté universelle se trouve instrumentalisée par la volonté propre. Or si le mal s'explique par cette irruption inversante, le bien ne se ramène pas au manque de tentation

77. S X, p. 437-438. Cf. J. Hatem, *L'Amour les yeux ouverts*, Paris, Éd. du Cygne, 2011, p. 54, 93-94.

(qui s'exprime par l'état d'innocence arcadienne), mais 1/ à la résistance victorieuse. En effet, « la vie n'est faite que de résistances », admet Barbey, homme des contrastes (I, p. 1043), et Schelling : « Là où nous ne rencontrons aucune résistance, nous disons : il n'y a rien, car la résistance (*Wiederstand*) est tout à fait le synonyme de l'objet (*Gegenstand*) »[78]. Or les résistances supposent une certaine connaissance de l'objet qu'on repousse et donc déjà cette séparation d'avec la spontanéité naturelle sans laquelle on ne devient pas un être moral. On gagne en puissance ce qu'on perd en beauté. Plus le cœur se fait courage, que ce soit par effort constant ou par vérification de soi, plus l'épreuve est enseignante. Et 2/ à l'inversion de l'inversion (le fond de Dieu[79] suscite le mal précisément afin qu'il soit retourné). De là la phrase que Willm a eu le tort de ne pas traduire (et de

78. *Urfassung der Philosophie der Offenbarung*, Hamburg, Meiner, 1992, p. 25.

79. Le fond désigne à la fois la pulsion originaire en Dieu et son ipséité (au sens d'une base qui le détermine comme ceci et non cela). Volonté de révélation, il provoque à l'existence toutes les particularités. « Jamais philosophe n'a osé aller si loin en scrutant l'origine des choses ; personne n'a élevé la prétention d'avoir vu la naissance de Dieu lui-même », déclare Moeller dans son analyse des *Recherches sur la liberté humaine* (*De l'état de la philosophie moderne en Allemagne*, p. 178). L'auteur impute à Schelling l'invention d'un gnosticisme moderne (p. 183) tout en décelant dans le traité de 1809 « un retour du panthéisme vers les idées chrétiennes » (p. 188).

n'avoir point songé à exploiter), celle qui précède immédiatement le passage cité par lui. La voici : « Seule l'ipséité surmontée, c'est-à-dire reconduite de l'activité à la potentialité, est le bien, et elle s'y maintient toujours, selon sa puissance, en tant que dominée par lui » (S VII, p. 400). Le scélérat Riculf serait-il l'unique personnage aurevillien à incarner le bien tel que Schelling vient de le définir ? Le prêtre marié y peut également élever des prétentions, encore que pour d'autres motifs. Car si sa mutinerie contre le ciel ne désarme pas, se disposant même à se configurer en haine forcenée si Dieu avait le malheur d'exister, et si son ipséité n'est en aucun cas surmontée en tout ce qui touche la liberté de l'esprit (au moins et toujours dans le for intérieur) et la recherche scientifique (qui, il convient de le noter, même si Willm n'a pas pris la peine de le faire, est de nature, selon le Schelling de *Philosophie et religion*, à rapatrier l'âme vers la Réalité dont elle a chu), sa domination des éléments est mise au service de l'amour qu'il porte à sa fille. Quand bien même l'amour ne le conduit pas à l'abdication, il réussit à l'humilier. On peut toutefois s'interroger, non pas sur la valeur ou la force de son sentiment, mais sur sa finalité. Il a pris l'indéfectible résolution de sauver son enfant. Mais de quoi ? De sa faiblesse physique d'abord qui la fait en permanence osciller entre vie et mort, conscience et inconscience. Mais qu'est-ce que cette maladie, *selon* l'insurgé Sombreval (et non l'abbé Méautis ou Barbey disciple de Joseph de Maistre[80]), sinon un effet d'une religiosité délétère qui pervertit la nature en général et la corrompt en la personne de Calixte, en sorte que la guérir revient à l'émanciper de la mystique et à contribuer à l'éradication de la superstition, voire à l'écrasement de l'Infâme ? L'interprète ne devrait donc pas trop se fier au fait que le roman ne décrit pas les péripéties d'une contristante joute intellectuelle entre père et fille, car bien que l'inflexible athée ne s'avise pas de débattre et de convaincre et que la fille de sainte Thérèse n'use pas d'autres armes que la prière et l'oblation de soi pour amener le prêtre ayant défroqué à recourber le genou, la bataille est très réelle dans sa courtoise due à l'amour qui unit les belligérants et au caractère asymétrique de l'enjeu : Calixte pressée par la charité arbore les couleurs du ciel, tandis que son père s'est fait le champion de la terre et non véritablement, ou

80. Barbey n'est, dans ses romans, qu'occasionnellement inféodé au système de Maistre. Tout bonheur dans le crime, toute complaisance dans une souffrance que s'impose une conscience vengeresse apportent un démenti à l'économie de l'expiation involontaire ou volontaire (par sacrifice vicaire et satisfactoire) et à la connaissance de soi et de la cause parfois lointaine du mal qui frappe. C'est seulement un genre d'amour qui est défini par le sacrifice (cf. *Le* XIXe *siècle,* II, p. 91).

en connaissance de cause, de l'enfer[81]. La jeune vierge tient de l'ange, si l'on veut, mais dans sa détermination farouche, de l'archange à l'épée flamboyante. Sa volonté droite et acérée déploie toute son inflexible force sans même besoin de s'éprouver et de se renforcer au contact des obstacles (l'attirance envers Néel, par exemple) qui la distrairaient de son but. Et quand il s'agit pour elle d'agir, elle pose l'acte sans hésiter. Est brisée seulement la flèche de l'effet, autrement dit la transitivité de l'acte : sa volonté entièrement convertie est impuissante à convertir. Pas plus qu'il ne prospère dans l'élément du visible, l'acte n'engendre dans le royaume de l'invisible.

V

La question se pose de savoir si la conversion est réalisable par les vertus correspondant aux vices ou s'il convient plutôt de recourir à d'autres vertus, cardinales, d'un type supérieur, surnaturelles par exemple, comme celles qualifiées de théologales.

81. C'est vers *Là-bas* de Huysmans qu'il faut se tourner pour assister à une mêlée entre ennemis irréductibles, ou encore vers *La Sorcière* de La Varende qui donne à lire ceci : « Le prêtre de Dieu répondit au prêtre de Satan comme à un égal… » (XI). Ce qui précisément manque dans *l'Ensorcelée*, c'est un desservant du bien capable de se mesurer efficacement avec cette sorte de diable humain qu'est le Pâtre.

Mais d'abord quelle portée attribuer aux vertus que Schelling dit correspondre aux passions ? Le mot allemand (*entsprechend*) enveloppe les nuances de conformation et d'analogie. Comment ne pas être frappé par le fait que le rapport n'est pas ici d'homologie, mais proprement de contraste dans lequel les opposés sont accolés moyennant une relation soit inclusive soit exclusive. Inclusive, à l'exemple du jugement prononçant que tel a les vertus de ses vices (ou l'inverse)[82]. Loin de se livrer un combat sans merci, les voici accouplés et se prêtant mutuel concours. Il ne doit pas être assuré pour autant que les vertus des vices vaillent nécessairement comme vertus s'ils étaient envisagés indépendamment des vices auxquels ils sont attachés et que sans doute ils contribuent à porter à leur point d'excellence : on dira donc qu'il arrive que privés de leurs vertus les vices verraient leur acuité diminuée[83]. L'inverse est vrai : certaines vertus seraient inefficaces sans l'apport de leurs vices propres. Face à cette ligature satellitaire, la relation

82. Il ne s'agit pas ici de la vertu *dans* le vice (celle que déclare honorer Restif de la Bretonne) ou du vice *dans* la vertu (comme l'amour porte la graine de la haine) — qui appartiennent au registre de l'*en dépit de* sans nécessité de combat. Encore moins de l'affirmation suivant laquelle « les vertus ne sont, le plus souvent, que des vices déguisés » (La Rochefoucauld).
83. Je n'envisage évidemment pas ici l'attitude de celui dont on dit qu'il a le courage de son vice au sens où il l'assume ou en fait étalage.

exclusive met de l'animosité entre vertus et vices correspondants comme si les ennemis allaient par paire, l'un devant faire ressortir l'autre ou l'avoir comme obstacle afin de le vaincre.

Ceci dit, on se rappelle que Schelling met en correspondance des vertus avec des passions, et non immédiatement avec des vices (sauf à donner du crédit à l'opinion des tenants de la morale que Barbey ne manque pas une occasion de flétrir). Or la passion en tant que levier de la vertu (comme du vice) n'est pas en position de coopérer puisqu'elle seule opère, vertu et vice étant privés en eux-mêmes de force, et certainement du pouvoir pour l'un de réprimer ou de subvertir l'autre.

Il n'est pas interdit d'y repérer un reliquat de la morale aristocratique qui fait fond sur la générosité de l'homme quand cela serait aux dépens du raisonnable. Caractère et distinction se donnent la main. Un peu de folie sied aux puissantes et nobles entreprises. Les voix pour cela ne manquent pas qui prennent la défense de la passion sans laquelle rien de grand ne se fait. Diderot : « Il n'y a que les passions, et les grandes passions, qui puissent élever l'âme aux grandes choses. Sans elles plus de sublime, soit dans les mœurs, soit dans les ouvrages ; les beaux-arts retournent en enfance, et la vertu devient minutieuse »[84]. Minutieuse au sens

84. *Pensées philosophiques*, § 1. Chez Schelling, S VIII, p. 15. Diderot est l'un des rares penseurs français des Lumières

de scrupuleuse et tatillonne. Ce n'est pas encore ce que conçoit Schelling. Helvétius dit mieux : « L'absence totale des passions, si elle pouvait exister, produirait en nous le parfait abrutissement et (...) on approche d'autant plus de ce terme, qu'on est moins passionné. Les passions sont en effet le feu céleste qui vivifie le monde moral : c'est aux passions que les sciences et les arts doivent leurs découvertes, et l'âme son élévation. Si l'humanité leur doit aussi ses vices et la plupart de ses malheurs, ces malheurs ne donnent point aux moralistes le droit de condamner les passions et de les traiter de folie. La sublime vertu et la sagesse éclairée sont deux assez belles productions de cette folie, pour la rendre respectable à leurs yeux »[85]. C'est donc en fille des Lumières que Sand déclare que « l'homme passionné est le roi naturel de la création »[86]. Certes la vivification de la vertu par la passion touche à la correspondance que Schelling établit entre telle passion et telle vertu. Mais cela, Schelling le donne comme une chose notoire, et il ne manquera pas de citer Hamann à ce propos : « Si les passions sont membres de scandale, cessent-elles pour autant d'être des armes de viri-

à trouver grâce aux yeux de l'Allemand (cf. L. Pareyson (hrsg.), *Schellingiana rariora*, Turin, Bottega d'Erasmo, 1977, p. 263, 420).

85. *De l'esprit*, II, ch. VIII.
86. *Mont-Revêche*, VI.

lité ? » (S VII, p. 401)[87]. Il est dommage que Willm n'ait pas fourni à Barbey l'occasion de recevoir confirmation par le Mage du Nord que « des pires bourreaux d'eux-mêmes, le prince de ce siècle fait ses favoris et ses bouffons » (S VII, p. 401).

L'apport de Schelling réside dans l'idée que la vertu et la force passionnelle, lors même qu'elles se déploieraient dans une relation exclusive, procèdent d'un même fond. Vérité que Diderot a entrevue lorsqu'il juge dans la lettre à Sophie Volland du 30 septembre 1760 : « Il n'y avait pas assez d'étoffe ni pour faire un honnête homme ni pour faire un fripon (...). Si les méchants n'avaient pas cette énergie dans le crime, les bons n'auraient pas la même énergie dans la vertu ». À leur destinée croisée préside, selon Schelling, au lieu du clivage de la raison et de la sensibilité, le fondement de Dieu (ou la nature en Dieu[88], le noyau irréductible qui lui permet d'être et de devenir[89]) qui est (pour

87. Citation de l'*Aesthetica in nuce*. Hamann renvoie à l'Épître aux Romains de Paul (6 :13).

88. On notera que la passion est parfois définie comme *l'autre en nous*.

89. Willm en dit quelque chose qui ne semble pas avoir retenu l'attention de Barbey. Je le reproduis dans l'appendice IV pour le profit du lecteur désireux d'avoir une idée du soubassement métaphysique de la thèse de l'identité du bien et du mal. En 1842, Charles Buob déclarait que Schelling « parle du péché originel comme d'un fond obscur dans la divinité, de ténèbres qu'il regarde comme identiques à la volonté propre de la créature et qui se transformeraient peu

ce que Dieu aspire à se révéler) le principe de la volonté propre en chaque créature qui irait, dans le mal, jusqu'au démenti que la créature opposera au Créateur (par l'athéisme, comme Sombreval et les commensaux de la cinquième Diabolique ou par le suicide comme l'abbé de la Croix-Jugan). Bien que ne professant pas l'athéisme, le héros de l'*Ensorcelée* est un athée pratique car entièrement centré sur la cause politique qu'il a indissolublement épousée (cf. I, p. 670). Sa haine de son état de capélan (I, p. 638) et son orgueil sans bornes (I, p. 638, 641) portent témoignage contre l'amour. Comme il console par l'orgueil au lieu de l'humilité, le narrateur fait la judicieuse remarque qu'il se comporta comme s'il était « un ministre de Lucifer » au lieu de prêtre du Christ (I, p. 648). L'orgueil, motif de la chute des anges (I, p. 670), est centration sur soi, auto-affirmation infinie : on ne tombe pas ailleurs que sur soi-même. À l'angoisse de la vie qui pousse, selon l'observation de Schelling, l'homme à s'éloigner du Dieu igné afin de trouver un lieu de repos pour son ipséité (S VII, p. 381), fait pendant, chez Sombreval, l'éveil de la conscience intellectuelle : « Je l'ai longtemps prié, *s'il était*, de me délivrer de ces tentations d'impiété que j'imputais à l'Esprit du mal, et qui

à peu selon lui en quelque chose de vraiment divin » (*La Philosophie de l'Absolu en Allemagne dans ses rapports avec la doctrine chrétienne*, Montauban, 1842, p. 16).

étaient, au contraire, les premières évidences de l'esprit de l'homme qui s'éveillait, qui se mettait debout en moi ! » (I, p. 1015). Mais cet éveil qui est monté dans la conscience de soi et du monde, disons : cette émancipation, sont déjà le premier degré sur l'échelle de l'orgueil séditieux. Ce que veut l'homme : être acte et non possible, volonté et non regard, cause et non moyen. Se réaliser serait dans l'ordre du bien si la nature était bonne. Or tel n'est pas le cas. L'homme ne doit pas se prendre pour une fin.

Willm a totalement négligé de lier la théorie du fondement avec la morale de Schelling[90]. C'est pourtant le fond (à la fois pulsion et énergie) qui agit dans les opposés : « Dans le bien la réaction du fond est à l'œuvre en vue du bien, et dans le mal en vue du mal » et de citer ce verset du livre des Psaumes (18 :26-27 ; cf. II Sam 22 :27) : « Avec le pieux tu te montres pieux, avec le pervers tu te montres pervers » (S VII, p. 400)[91] dont Barbey offre

90. On hésite à supputer les riches et terribles mélodies que Barbey eût pu tirer de la théorie schellingienne du fondement de Dieu comme initiateur du mal si Willm avait pris la peine de l'exposer convenablement. Le catholicisme eût sanglé l'imagination théogonique. Bien qu'ayant « bu aux sources des choses » (*Amaïdée,* II, p. 1132), Barbey ne poussera pourtant pas l'audace jusqu'à sonder, comme le voulut Schelling, les mystères de la divinité. Qui puise à la source n'explore pas nécessairement les entrailles de la terre où elle s'embryonne.

91. « *Cum perverso perverteris* » ; « *in dem Verkehrten verkehrt* ». Le *System der Weltalter* (Frankfurt am Main, Klostermann,

l'équivalent quand il grave ces mots puissants dans son article sur Baudelaire : « Dieu, c'est le talion infini. On a voulu le mal et le mal engendre »[92]. Entendre que c'est Dieu qui agit en qualité de juge et de tortionnaire dans le violateur du précepte divin qui s'enfonce dans son péché. Dieu est arraché par le maléfice humain à sa quiétude centrale qui se renverse alors en courroux. Rappelons que Barbey a copié la phrase suivante des *Recherches sur l'essence de la liberté humaine* : « La colère la plus violente n'est que le calme troublé et excité dans son centre le plus intime ». Encore une identité dialectique : au lieu de dire que l'on passe du calme à la colère sous l'effet d'une cause extérieure, Schelling dit que l'un est l'autre (la causalité en est immanente), la copule, en sa teneur transitive, signalant une différence, ce qui revient à dire que la colère ne s'allume pas si elle n'est, au fond, un calme bouleversé, comme la haine naît d'un amour berné, naissance comme un changement de modalité dans la même réalité[93]. Il s'ensuit

1990, p. 144) précise que le pervers est le sans-Dieu (*Gott-los*). Un luthérien comme Willm aurait dû donner plus d'audience au verset.

92. Barbey, *L'Œuvre critique*, I, p. 951. Dans *Un prêtre marié* : « Les menteurs finissent par croire à leurs mensonges, et c'est là leur punition » (I, p. 1169).

93. Sur la colère de Dieu dans les *Recherches,* cf. S VII, p. 391, 403. Schelling suit ici Luther directement et via Boehme qui conçoit dans les ténèbres un Dieu courroucé. Précision dans les *Âges du monde* : « L'amour lui-même est obligé d'être

qu'à Dieu, en tant qu'amour, la colère advient et cela guère de l'extérieur : passage sensible du feu lumineux au feu dévorant (cf. S VII, p. 448). Le « Dieu irrité » qui n'écoute pas la Croix-Jugan (I, p. 740) ne l'est pas de nature ou dans son expression normale. Schelling s'explique : « Il y a dans ce système un seul et même principe pour tout, c'est un seul et même être qui règne dans le fond ténébreux de la nature et dans l'éternelle clarté, qui a pour effet la dureté et l'isolement des choses ainsi que leur unité et leur douceur, c'est le même être qui domine dans le bien par la volonté de l'amour, et dans le mal par la volonté de la colère » (S VII, p. 409). Cette révélation du mal par la volonté de la colère traduit en concept ce qui est désigné dans l'Écriture comme l'obduration de Pharaon. Telle est la relation interne entre le talion de Dieu et le mal voulu qui engendre. Bien que n'étant pas proprement le destin, Dieu se révèle comme destin et fureur au cœur endurci et à la volonté raidie. On dira alors avec Luther commentant le deuxième verset du psaume 6 : « L'amour est caché en une profondeur insaisissable ».

Mais cela même qui semble livrer le coupable à une irrévocable damnation (cette passionnelle adhésion au mal) possède une source commune avec le levier de la transmutation. Dans la mesure

haine » (S VIII, p. 319). Colère, haine et ambition ont une origine divine (S VIII, p. 16).

où c'est le fond de Dieu qui suscite la puissance pour le bien et pour le mal[94] (ou chez Barbey : par cela que Dieu chérit les personnalités fortes), celui qui est taillé pour ceci l'est pour cela. Le virage est donc, par principe possible. Il est rarissime dans l'œuvre romanesque de Barbey. Le conçoit-il comme une incongruité qui blesse le caractère ? Le reproche atteint pleinement Hugo coupable, selon Barbey, d'avoir conçu un forçat qui devient comme par magie un modèle de vertu et s'étrangle dans les scrupules[95]. Nonobstant quoi, l'homme Barbey lui-même se présente comme un converti qui invite à l'imiter des êtres aussi frottés de mal que le furent Baudelaire et Huysmans[96] dans les limbes de la conscience desquels il soupçonne la

94. Plus tard, c'est-à-dire dans un enseignement dont Willm n'a pas tenu compte (il ne mentionne pas, à titre d'exemple, le fameux cours berlinois de 1841-1842 qui attira un brillant concours d'auditeurs et qui fut publié à Darmstadt en 1843 par Heinrich Paulus sans l'approbation de son auteur sous le titre *Die endlich offenbar gewordene positive Philosophie der Offenbarung*), Schelling dotera la première Puissance d'une nature ambivalente et incertaine qui ne se laisse pas fixer et grâce à laquelle les êtres peuvent transmuer en leur contraire (voir par exemple, les pages 463, 483).

95. Barbey qui trouve plus authentique l'immuable Javert, a le tort de prendre Jean Valjean pour un zélateur du crime. Ne l'ayant jamais été au fond, sa conversion est de l'ordre de la réorientation, non du renversement.

96. J'ai consacré à *Là-bas* un long chapitre (comportant une comparaison avec Schelling) dans *L'Écharde du mal dans la chair de Dieu*, ch. III.

graine chrétienne qui ne demande qu'à germer. Mais outre qu'un converti n'est jamais qu'un gant retourné, Barbey en reste, pour ce qui est de la conviction profonde, et quoi qu'il en pense, au jansénisme, cet idéalisme de fer, comme dit joliment La Varende[97]. Une promesse de damnation plane sur toutes les créatures qui n'ont pas été submergées par la grâce. S'il emprunte d'enthousiasme à Joseph de Maistre la notion de réversibilité des mérites et lui livre toute la pâte d'*Un prêtre marié* à lever, il lui édifie un obstacle insurmontable. Ou l'intercession des saints n'a su forcer les portes du salut, ou les souffrances vicaires de Calixte n'ont guère été agréées en haut lieu ou le cœur de l'athée s'est endurci à jamais. Quant à Riculf, il n'est pas dit qu'il ait bénéficié d'une quelconque réversibilité des mérites ou de l'intervention en sa faveur de la Vierge, comme il advint, dans le mystère médiéval, à Théophile, le prêtre vendu à Satan.

Schelling n'accorde pas davantage beaucoup de chances à la conversion. Comme pour Barbey, le mal lui paraît incurable en raison de la condition déchue de la nature. Un homme méchant ne peut se faire par lui-même bon. Ses tentatives seront toujours compromises car la créature n'est jamais que ruines. Barbey ne se lasse d'ailleurs pas de féliciter le philosophe d'avoir eu le courage de

97. *Le Centaure de Dieu*, I, 5.

professer ce qu'il prend pour une pure pensée théologique : « M. de Schelling lui-même (tout philosophe qu'il soit) ne peut se tirer de l'explication du monde sans la chute. Pour lui l'univers n'est pas issu de l'absolu comme un fleuve sort de sa source ou une plante de son germe, il s'en est détaché et il symbolise son idée par la fable de l'enlèvement de Proserpine » (O, p. 88)[98]. Il ne manquera pas de le rappeler, notamment dans l'un de ses articles sur Blanc de Saint-Bonnet, faisant observer que la « chute se voit partout, dans l'univers et dans les âmes, comme la lézarde d'un volcan et que Schelling lui-même (un Allemand !),

98. W, p. 304 ; la référence mythologique appartient à *Philosophie et religion* (S VI, p. 39). La chute est également comparée, par Willm, à la rébellion du Satan de Milton, poète que Schelling a pratiqué (cf. S XIV, p. 246) mais qu'il ne mentionne pas dans ce contexte. Barbey à Trebutien en date du 24 mars 1844 : Nous sommes tous des « cœurs tombés, des fils d'Ève ». L'admission de la théorie conduit à une philosophie politique où l'État est présenté comme un mal nécessaire pour des anges brisés qui tentent de recomposer l'unité perdue, spirituelle, et doivent se contenter d'un ersatz d'unité tandis que l'Église détient la vérité intérieure, étant bien entendu qu'en tant qu'institution elle a eu le tort de vouloir se faire valoir également comme unité extérieure (S VII, p. 462-464). Opinion, elle, d'un protestant aspirant au passage à l'Église johannique, par contraste avec le point de vue très nettement pétrinien de Barbey s'élevant contre la séparation de l'Église et de l'État, pour ce que le catholicisme est la monarchie de Dieu. Qu'il me suffise de noter, pour ne pas excéder mon propos, l'évolution de Schelling et de Barbey vers le conservatisme sans besoin de comparer leurs attitudes respectives.

épouvanté de ne pas trouver le mot de ce monde, qui s'il n'est pas tombé, n'est plus que l'œuvre d'un diable devenu fou, — comme disait Byron, — c'est-à-dire une absurdité, finit pourtant par accepter »[99]. Bien que ce soit dans *Philosophie et religion* que la notion domine, les *Recherches sur la liberté humaine* en gardent l'écho, encore que dans un contexte différent et selon une modalité originale. Pour elles, l'homme s'est saisi de toute éternité dans l'égoïsme, péché immémorial qui fait que tous ceux qui naissent depuis portent en eux, dès leur naissance « l'obscur principe du mal » (S VII, p. 388)[100] en conséquence de quoi l'homme se fait lui-même, mais dans une forme déterminée (l'acte précédant l'être, et non l'inverse) qui le fait désormais agir comme il a résolu avant le temps mais à présent dans la forme de la nécessité (S VII, p. 365-366). C'est là une donnée que Willm a prise en compte encore qu'il ne soit pas clair, pour son lecteur, que c'est par le fait de l'homme. Il en arrive à émettre le jugement péremptoire suivant : « Le système de M. de Schelling, à cet égard, est un *fatalisme intelligible*[101], identique au fond avec le

99. Barbey, *L'Œuvre critique*, III, p. 33-34. Byron n'est pas nommé dans *À un dîner d'athées* (II, p. 211).

100. Principe signifie ici puissance d'engendrement.

101. Le syntagme n'est pas plus de Schelling que de Willm. Il provient de la *Grundlage der gesammten Wissenschaftslehre* (Fichte *Gesamtausgabe,* I, 2, Stuttgart-Bad Cannstatt, Frommann Verlag, 1965, p. 398) où il définit le système le plus

dogme de la prédestination. Qu'importe, en effet, pour la responsabilité morale, que la prédestination soit le produit d'un décret absolu de Dieu, ou qu'elle soit, comme le dit M. de Schelling, la conséquence d'un *acte contemporain de la création* (*Von der Freiheit,* p. 471), par lequel est prédéterminé tout ce qui arrive ? » (W, p. 331). Telle n'était pas en tout cas l'opinion du principal intéressé qui avait pris la peine de distinguer ce que Willm appelle *fatalisme intelligible* (ce dernier terme, dans l'acception kantienne évidemment) avec le prédestinianisme d'un Luther. Il ne recule pas devant le mot terrible, car il le fait dériver vers le champ du transcendantal (d'un *a priori* humain et non plus divin) : au lieu du décret divin, arbitraire ou pas, l'acte humain, extra-temporel, qui le fait être ce qu'il est : « Nous aussi nous affirmons une prédestination, mais en un tout autre sens : nous disons que l'homme agit *hic et nunc* comme il a agi de toute éternité, et dès le commencement de la création. Son agir ne *devient* pas, pas plus que

conséquent concernant la liberté — avant l'apparition de la philosophie fichtéenne. C'est Heinrich Schmid qui l'applique à Schelling dans son étude (parue dans *Hermes* à partir de 1826) sur la *Révision de la philosophie morale depuis Kant et Jacobi* dont Willm a publié une traduction française dans *la Nouvelle Revue germanique* et où il a abondamment puisé, y compris les mécompréhensions de l'identité dialectique du bien et du mal. Willm le cite par erreur sous le nom d'Ernst Schmid (W, p. 324) qui est celui (Karl Ernst Schmid) du directeur d'*Hermes*.

lui-même ne *devient* en tant qu'être moral, mais il est éternel de par sa nature » (S VII, p. 387-388). S'il a pris le parti de se déterminer absolument, il peut tout aussi bien avoir choisi sans ambages de n'être que liberté[102]. Ce déplacement vers l'homme de l'acte libre qui se fait nécessité n'ôte pas la responsabilité morale comme Willm s'en persuade. Elle l'aggrave plutôt dans la mesure où l'homme n'a pas à opter pour ceci ou cela parce qu'il sait déjà ce qu'il veut, ce qui évidemment ne l'empêche pas de se sentir coupable là même où il avoue qu'il n'aurait pu agir autrement (S VII, p. 386-387). *Un prêtre marié* est à même d'illustrer l'idée, lorsque Néel déclare à Sombreval : « Vous avez été pour vous-même le destin » (I, p. 1110)[103]. Le rebelle

102. Je pense à Saint-Just qui proféra ces paroles prodigieuses quelques jours avant son exécution : « Je méprise la poussière qui me compose et qui vous parle ; on pourra la persécuter et faire mourir cette poussière ! Mais je défie qu'on m'arrache cette vie indépendante que je me suis donnée dans les siècles et dans les cieux… » (*Œuvres choisies*, Paris, Gallimard, 1968, p. 310).

103. « On n'échappe pas aux lois de soi-même » (*Amaïdée,* II, p. 1132). « Une liberté à elle-même destin » se lit, chez Schelling, dans les *Weltalter*, p. 177. Remarque : *Un prêtre marié* est plus schellingien que le roman de jeunesse que Barbey publia tardivement sous le titre de *Ce qui ne meurt pas.* Là aussi il n'y a pas de changement de la personnalité à espérer, mais l'acte premier n'est pas repéré : « Il y a tant de personnalité indestructible au fond de tous nos sentiments ! L'homme se déprend si peu de lui-même. Dans les affections les plus dévouées, il reparaît entier, violent : *moi* immense ! » (II, p. 551). Manque l'idée qu'il s'est choisi ne pouvant se déprendre de

s'est endurci lui-même. Son ciel est un enfer qui porte le nom de Calixte (si la jeune fille est son double en tant que son châtiment)[104].

Pas plus que pour Schelling, le destin n'est arbitraire, chez Barbey (comme il paraît l'être dans le paganisme), puisque l'expression d'une condition peccamineuse dont la punition est la conséquence nécessaire n'était l'intervention, elle tout à fait arbitraire, de la grâce.

Un changement de cap (du mal au bien) qui reposerait sur une révolution de l'intention semble impraticable de propos délibéré. Toutefois, précise le philosophe : l'homme le peut à la faveur d'une assistance divine ; or le fait de laisser agir en lui l'esprit du bien ou celui du mal relève de l'acte intelligible qui a déterminé sa personne (S VII, p. 389). On acceptera peut-être d'admettre pour

soi : il y a un acte à l'origine de l'extrême passivité vis-à-vis de soi. L'admettre marque toute la distance qui sépare l'idéaliste du matérialiste.

104. Il n'est pas besoin de concevoir, pour l'ensorcelée, une expiation en miroir. L'amour coupable, « sans pardon », reconnaît-elle (I, p. 668), qu'elle porte à l'abbé vire lui-même en supplice infernal. Schelling est à même de jeter sur la démence de Jeanne un éclairage décisif : « Lorsque esprit et cœur sont sans la douce influence de l'âme, l'être obscur initial perce à l'avant-plan, et entraîne avec soi aussi l'entendement, comme quelque chose qui est non-étant relativement à l'âme, et la folie vient en avant comme un signe effrayant de ce qu'est la volonté dans sa séparation d'avec Dieu » (S VII, p. 470). Un autre passage que Willm n'a pu lire. Sur l'être obscur initial qui émerge, voir plus bas, § VII.

Riculf le scénario du remords fructueux puisque Barbey n'en fournit aucun. Il est déjà très remarquable que la Malgaigne, l'oracle d'*Un prêtre marié*, soit elle-même une repentie, comme si le front du destin pouvait être ondoyé sans cesser de porter fièrement les fatalités. Il n'est guère douteux qu'en dépit de sa contrition, la Croix-Jugan en qui la vie de l'esprit semble tout à fait expirée n'échappera point à la peine du dam comme en témoignera son impossible messe. En considérant dans la palinodie le fait et non l'intention, je dirai même que sa conversion ne se concrétise pas puisqu'il lui est interdit, dans la condition de vivant comme dans celle de spectre, de prononcer les paroles eucharistiques, échec qui certes traduit l'irritation persistante de Dieu à son égard, mais aussi une faillite personnelle. En effet, l'acte qui transsubstantie le pain et le vin équivaut, en mystique, à l'union transformante, et en psychologie des profondeurs à la réalisation du Soi[105]. Or dans les deux cas, la réussite de l'opération est tributaire de l'effacement du sujet, ce qui nécessite la mise à l'écart de sa revendication propre à la faveur de l'amour (en tant qu'oblation ou interfusion[106]),

105. Cf. Jung, *Les Racines de la conscience,* V.

106. « Vivre avec une femme ! Vivre avec elle, vivre avec *toi*, c'est-à-dire ne sentir, ne penser qu'ensemble, se transfondre, se perdre, bouches, regards, haleines, battements de cœur, dans un seul baiser, une même étreinte, un seul amour… » (*Le Cachet d'onyx*, I, p. 10). Quoique teint de vampirisme, et

cela même dont l'« âme fermée » (I, p. 716) de la Croix-Jugan est foncièrement incapable, ce qui le met en parallèle avec le démon (I, p. 665). Il peut vouer sa vie au Roi ou à un ordre juridique, mais aimer n'est pas à sa portée, que ce soit femme ou Dieu. Telle est la grâce dont il est à jamais privé. Il bénéficie en revanche de la faveur de n'avoir pas le tourment comme une conséquence de son inconversion, mais bien comme le fait même de cette inconversion. Le fantôme sacerdotal pâtit l'enfer de ne pouvoir consacrer les espèces sacramentelles : « Sans doute qu'il était damné, mais il souffrait à faire pitié au démon lui-même » (I, p. 740).

VI

Barbey n'a pas cru bon de consigner dans son carnet l'idée schellingienne d'une identité du bien et du mal et, partant, sa condamnation par Willm. On ne jurera pas qu'il l'aura mieux assimilée que son interprète. On est du moins sûr qu'il a formellement récusé l'équation telle que généralement comprise et moquée par Schelling. Il écrit en effet à Trebutien dans sa fameuse lettre du 7 juin 1850

ayant l'efficacité d'un charme, l'acte de boire mutuellement le sang de l'autre, dans *Une vieille maîtresse* (I, 322), relève de la même logique.

qui s'efforce de justifier sa pratique de romancier affichant son appartenance à l'Église : « Il ne faut pas dire que le bien est le mal, que le mal est le bien et sophistiquer, — comme Rousseau ou Mme Sand, par exemple, — au profit de l'Erreur ou du Vice ! Mais les faire ressemblants ! Où est l'inconvénient ? Où est le mal ? Le catholicisme ne coupe pas les ailes au Génie »[107].

Barbey semble insinuer une divergence entre une perversion et une proximation alors qu'en réalité il distingue, d'une part, une proposition de vérité où se joue une alternative de dissociation et d'interconversion et, d'autre part, une pratique expressive du leurre. La dissociation qui consiste en la claire postulation que le bien est le bien et le mal mal, enveloppe une reconnaissance de leur nature moyennant l'accord entre des puissances qu'il n'est pas aisé de faire parler d'une même voix comme la raison pratique universelle, l'enseignement de l'Église, le sentiment de l'auteur et la conviction générale du public (représenté en l'occurrence par Trebutien). Que l'on sache souverainement (quand bien même ce ne serait pas unanimement) ce que le bien est, voilà ce qui ne paraît guère aller de soi. Quand Barbey ne se serait pas livré dans *Le Dessous de cartes d'une partie de whist*, objet de l'échange épistolaire avec le catho-

107. Barbey définira, à l'intention du même Trebutien, le catholicisme comme « la science du bien et du mal » (1 juin 1851).

lique bon teint que fut Trebutien, à l'interversion du bien et du mal qu'il blâme Rousseau et Sand de pratiquer (noms célèbres qu'il rapproche souvent pour les traîner dans la boue[108]), il reconnaît qu'il ne s'est pas franchement appliqué au salubre et nécessaire exercice d'identifier quel le bien et quel le mal. Il a l'étrange aveu de les avoir faits ressemblants, ce qu'il ne dira pas au moment où *Les Diaboliques* passeront en jugement. Il dénoncera en cette circonstance les « œuvres où se produit une réelle confusion entre le mal et le bien », se réservant le mérite d'avoir donné un relief d'autant plus énergique au mal pour qu'il puisse être franchement repéré et servir d'épouvantail[109].

Si peu qu'on soit obligé d'avaliser les justifications qu'avance un écrivain de sa production, on est en droit d'établir entre elles une hiérarchie. La confidence à Trebutien paraît nettement plus proche de la vérité et même de la conviction de Barbey. Il n'est point conforme à la matière ro-

108. Exemple : il accuse « cette romancière à la Rousseau », ainsi qu'il qualifie Sand, d'exercer « une influence néfaste » en justifiant l'adultère (*Le* XIXe *siècle,* II, p. 124). *Lélia,* dont le jeune Barbey subit l'ascendant, fait évidemment exception dans le jugement globalement négatif de Barbey à l'endroit de la généreuse romancière, car outre que le chef d'œuvre de 1833 n'est pas entaché de rousseauisme, il annonce les *Diaboliques.*

109. De l'interrogatoire subi par Barbey le 27 janvier 1875 (cf. *Revue des lettres modernes*, série Barbey d'Aurevilly, n° 9, Paris, Minard, 1974, p. 17-18).

manesque que ses héros soient avilis par le crime, ainsi que Barbey le prétend dans sa défense. En revanche, il lui arrive souvent de faire le bien et le mal ressemblants (pour leur opportune confusion qui ferait passer l'injustice pour de la justice), ce qui est à peine un degré inférieur à l'interconversion. Il est vrai qu'il ne professe pas personnellement les plates maximes de l'immoralisme stipulant que le mal est le bien ou l'inverse, mais outre qu'il charge ses diaboliques de procéder à cette interversion à sa place, la frontière entre le bien et le mal devient malaisée à tracer. Il est légitime d'en demander la raison. Alors qu'un Sade est requis pour cautionner le bonheur dans le crime (le mal est le bien : *Juliette*) ou pour condamner la vertu comme une bêtise (le bien est le mal : *Justine*), ce que ne manquent pas de faire les diaboliques, à l'endroit de qui Barbey, pour sa part, trahit une trouble fascination dont le support est l'identité dialectique du bien et du mal, c'est cette identité, à son étage supérieur, déterminant l'affrontement, qui est de nature à dissocier conceptuellement les antagonistes. En revanche, à l'étage inférieur, c'est même force. Rappelons l'explication qui suit, chez le narrateur du *Dessous de cartes d'une partie de whist,* l'axiome de feu : « L'enfer, c'est le ciel en creux. Le mot *diabolique* ou *divin,* appliqué à l'intensité des jouissances, exprime la même chose, c'est-à-dire des sensations qui vont au surnaturel »

(II, p. 155). L'intensitivité (dont la catégorie relève de la sphère de l'esthétique) est susceptible de saturation dans le sentiment du sublime. Déjà dans cette admission que « tout ce qui est intense est magnifique dans ce monde sans énergie »[110] résonne l'exaltation de tout ce qui ne serait vrai que dans ses exagérations et cela jusqu'à la transgression des limites[111], car c'est bien entendu outrepasser que de détenir (ou subir) « une passion surhumaine, forte comme Dieu même » (I, p. 329), ainsi qu'il est pompeusement dit de celle de l'impétueuse Vellini, force telle que se trouve par là même scellé le destin de sa rivale. Si la passion de la maîtresse est forte comme Dieu même, ne serait-elle pas, dans sa possessive jalousie aussi à l'image de Dieu ? En soi-même la violence n'est pas le mal. Elle a son utilité et sa grandeur. Preuve en est fournie par le poète préféré de Barbey : « Il est violent, et c'est cette violence de sentiment ne troublant jamais la pureté de sa forme, qui fait de Byron ce mélange d'intensité et de pureté vraiment incomparable »[112]. La chétive Léa, quant à elle, est la victime de l'intensité qui anéantit toute nature débilisée, puisqu'un simple baiser la tue. Une vie

110. *L'Œuvre critique*, I, p. 146.

111. Confidence navrée de *Ce qui ne meurt pas* : « Quand la passion n'a plus rien qui l'exalte, elle rêve du crime. Peut-être dans ce monde déchu, y a-t-il dans la pensée du crime une parenté insaisissable avec la pensée du bonheur ? » (II, p. 585).

112. *L'Œuvre critique*, III, p. 1069.

sans intensité ne s'éprouve pas elle-même et ne s'accroît pas[113]. Il faut la garder en sommeil pour qu'elle n'aille pas plus vite à la mort (cf. I, p. 35). La mère de Léa peut bien admettre qu'« une passion, un amour, attaque la vie jusque dans ses sources » (I, p. 36) ; ne la croira que le mélancolique. La vie se propulse par ses paroxysmes et singulièrement par l'affrontement entre le bien excessif et le mal excessif car, dit Schelling, « là où il n'y a pas de lutte, il n'y a pas de vie » (S VII, p. 400). Penser du démon, comme Mme de Ferjol, que de toutes ses *terribles incarnations, l'amour est la plus redoutable* (II, p. 304), cela revient, sans qu'elle y songe, à en faire l'allié de Dieu.

Les exagérations du bien et du mal se rejoindraient-elles dans l'au-delà comme pouvait se le demander Durtal, le personnage de Huysmans[114], en ce moment de son itinéraire qui passe impérativement par le ciel en creux ? Certes pas ! Bien et mal sont polarisés en eux-mêmes, ce qui ne les empêchent pas de procéder à une communica-

113. De Sombreval : « ...cette âme incomparable qui t'a été donnée pour sentir plus profondément la vie » (I, p. 1096). Se sentir et s'accroître est l'apanage des créateurs. Barbey, pour qui le génie est tributaire de l'intensité, se plaît à aligner ceux qu'il appelle les plus grands Intenses de ce siècle, nommant Byron, Alfieri, Foscolo, Leopardi, Beethoven et Berlioz, les deux derniers présentant cette particularité de l'être toujours (*Sensations d'art*, Paris, Frinzine, 1886, p. 187-188).

114. Cf. *Là-bas,* ch. IV.

tion des idiomes, disons plutôt : à un échange des accidents, l'un involontairement (sauf exception), l'autre activement. Appliquée au mal, le trope de l'ironie signifie la manifestation de ceci sous l'apparence de cela, manifestation qui, à son tour est, soit subjectivement déterminée : le Verbe qui se fait péché pour nous, Satan qui se revêt de l'habit de lumière (deux individualités plastiques, qui ont le caractère de la mobilité, prenant et conférant la forme), soit objectivement : Calixte qui passe pour une pécheresse, *étant le crime de son père* (I, p. 1176), aux yeux de ceux qui bénéficient sans le savoir de ses largesses. La ressemblance que Barbey avoue est en réalité un lieu de passage entre les contraires, non que l'un devient l'autre, mais bien que l'un se glisse sous la peau de l'autre. S'explique par là que le mensonge (en tant que négation active de la vérité et non sa simple absence) soit une figure capitale du mal (recelant sa propre charge érotique[115]), très précisément le carrefour

115. « Je suis certain que pour certaines âmes, il y a le bonheur de l'imposture. Il y a une effroyable, mais enivrante félicité dans l'idée qu'on ment et qu'on trompe » (II, p. 155). Ceci qu'on lit dans le *Dessous de cartes d'une partie de whist* fournit la clef du *Rideau cramoisi.* Kant, pour qui le mensonge est le vice fondamental (et la première faute recensée dans la Bible), s'était contenté de noter que son auteur perd le respect de soi. Avec Barbey, on assiste à l'exaltation d'esprit pour le mensonge. À noter qu'il juge diabolique la vérité *arrangée ou dérangée, ombrée ou estompée d'invention* (*Les Philosophes et les écrivains religieux*, 1887, p. 25). Le propos de saint Paul

de ses diverses hypostases, et que les *Diaboliques* s'ouvrent sur *le Rideau cramoisi.*

L'ironie agit dans l'inversion, et cela de deux façons, soit par voie de conversion, du bien en mal ou du mal en bien, soit par voie de parodie et, s'agissant du sacré, de blasphème. Des six *Diaboliques, Le Dessous de cartes d'une partie de whist* est certainement la plus inquiétante, celle où l'on repère ce que Schelling a appelé l'exaltation d'esprit pour le mal qui frôle l'idée du mal pour le mal ; elle n'est pas pour cela la plus satanique. L'honneur en revient à celle qui pourrait passer pour la plus frivole : *le Plus Bel Amour de Don Juan* qui est entièrement construite sur une double parodie : de la Sainte Cène et de la Conception virginale. Pour le premier point, qu'il me suffise de noter le nombre des adulatrices de Ravila présentes au festin, douze, et les diverses identifications du personnage central à l'hostie dans un registre à la fois narcissique et sexuel : « c'est moi qui fus la véritable messe » (II, p. 69) ; « elles le buvaient, elles

sur l'Antéchrist qui contrefait (ou parodie) le Seigneur (II Thess 2 :1-12) a inspiré à Tertullien l'adage : « *Diabolus simius Dei* » et, par ricochet, Saint-Cyran : « Le diable est toujours le singe de Dieu : et l'on peut dire qu'il ne se transfigure pas seulement en Ange de lumière, mais aussi en Dieu même, qui est le Père de la lumière, lorsqu'il entreprend de perdre les âmes des justes, et d'obtenir d'elles et de leur consentement le pain dont il se nourrit » (*Lettres*, tome II, Paris, chez Jean de la Mire, 1643, p. 483-484).

le mangeaient des yeux » (II, p. 67)[116]. Le second point nous conduit au cœur du récit, au foyer de la révélation (du plus bel amour que Ravila inspira) : la petite fille de treize ans que l'amant de sa mère surnomme « petite masque » (titre déjà inquiétant) se croit fécondée par lui qui s'est assis à coté d'elle — en sorte que faisant de Ravila l'équivalent de l'Esprit-Saint, elle place, sans le savoir, l'épisode biblique de la conception du Christ sous la glauque lumière de l'hystérie.

Mais alors que la parodie dans le *Plus Bel Amour de Don Juan*, involontaire de la part des protagonistes, n'est soulignée que par le narrateur évoquant « l'Adoration Perpétuelle » (II, p. 60) dont Ravila fait l'objet, elle est intentionnelle dans *À un dîner d'athées* qui pervertit l'idée même de loi puisqu'elle établit la maxime du blasphème en précepte. En effet, le repas y est conçu comme un « à rebours » de la messe dans lequel on s'efforce de passer les bornes protégeant la cérémonie sacrée[117]. Le bien *est* le mal comme le ciel *est* l'enfer en creux dans la mesure où l'outrage suprême repose sur l'insigne sainteté, où la haine s'accomplit comme haine de l'amour sacrificiel. Inversement,

116. Cet aspect a été magistralement commenté par Philippe Berthier dans son article « les *Diaboliques* à table », in *Barbey d'Aurevilly. L'Ensorcelée et les Diaboliques. La chose sans nom*, Paris, SEDES, 1988, p. 134-135.

117. Je renvoie là encore à l'article cité de Philippe Berthier, p. 135-137.

la figure magnétique de Calixte, par cela qu'elle est entièrement (jusqu'à la moindre fibre de son être) déterminée par la lutte contre l'impiété, illustre l'équation contraire disant que le mal *est* le bien[118] comme l'enfer *est* le ciel en creux, ce qui va plus loin, tout en l'explicitant et la fondant, l'affirmation biblique : « *contra malum bonum est* » (Sir 33 :14). La mise en miroir des deux propositions fondamentales permet d'expliciter le passage suivant de Barbey puisé dans l'une de ses diatribes contre Renan : « Le Mal a ses héros, comme le bien. On est un héros dès qu'on est très brave... Il y a les héros et les saints du Démon, comme il y a les héros et les saints de Dieu, dans ce monde où le mystérieux Surnaturel tient tête, avec une invincible opiniâtreté, aux efforts de ceux qui ne veulent admettre que des vérités à démontrer et

118. Je rappelle la proposition explicitée que Barbey a lue : « Le mal considéré en soi, c'est-à-dire, dans la racine de son identité, est le bien ». Elle s'appuie sur l'idée que « le mal n'est mauvais que dans la mesure où il excède la potentialité ; mais réduit au non-être ou à l'état de puissance, il est ce qu'il devrait être toujours, base, soubassement, et comme tel il n'est plus en contradiction avec la sainteté, ni avec l'amour de Dieu » (S VII, p. 405). Sous sa forme lapidaire, la sentence est signalée par le commentaire de Heidegger qui la note en mettant entre guillemets la copule. Justification : le mal contribue, à l'instar du bien, à l'être-décidé (*Schellings Abhandlung über das Wesen der menschlichen Freiheit*, Tübingen, Niemeyer, 1971, p. 190).

qui tombent directement sous la coupe rigoureuse de la raison »[119].

Je prie le lecteur de m'excuser si je me répète en lui demandant de méditer la différence appréciable entre la formule : le mal est le bien, et cette autre : le mal *est* le bien. La première suggère une confusion ou une perversion. La seconde une révélation du bien par le mal. La question se pose de savoir si elles sont mutuellement exclusives. Réponse : oui, en pure logique ; non, selon la genèse. La première peut en effet représenter un moment dans la conquête de la seconde. En effet, la manifestation du bien s'appuie parfois sur ce que j'ai appelé l'inversion de l'inversion. Supposons que la perversion interdise, comme chez Rutebeuf[120], d'aimer ou de secourir les pauvres, qu'elle prescrive de renoncer à la pitié, à l'humilité, à l'amitié et à la pratique de la justice, elle serait en mesure de présenter sa loi comme la norme et, partant, orgueil, violence, rapine et meurtre comme des exploits de la vertu. Pour que le bien véritable puisse s'imposer, il lui faut démasquer et combattre. C'est alors que le mal *est* le bien. Reste la question de savoir si tout mal est circonscriptible afin que le juste puisse s'en rendre maître. Y a-t-il un mal non susceptible d'*être* le bien ?

119. *Le* XIXe *siècle,* II, p. 328.
120. *Le Miracle de Théophile*, 259-284.

VII

Le supplice que les Bleus font subir à l'abbé de la Croix-Jugan inspire à Barbey une remarque qu'il assume entièrement puisqu'il la consigne dans une note ; elle vaut comme une proclamation hostile à la fois à l'optimisme anthropologique de Rousseau et à la philosophie du XIXe qu'il qualifiera de « pouilleuse et analytique » pour ce qu'elle ne comprend rien à « la grandeur de la barbarie et de la cruauté du Xe siècle » et aux « terreurs de l'an 1000, cette épouvante sublime » (O, p. 69). Voici : « Malgré les impostures des civilisations, il y a dans le cœur de l'homme une barbarie éternelle » (I, p. 598). On est étonné du terme d'*imposture* ; on se serait attendu à *efforts*. Serait-ce que les civilisations mentent en faisant croire qu'elles ont réussi à juguler définitivement la barbarie ou qu'elles y sont aptes ? Sont-elle à jamais travaillées par « ce père joyeux de toutes les anarchies » qu'est le Diable (II, p. 237) ? Avec quelle promptitude sont jetées bas les cloisons si lentement élevées entre l'homme et lui-même ! Car la barbarie est en l'homme ce qui lui résiste et peut lui faire face, l'asocial qui l'oblige à le surmonter sans cesse, et souvent à nouveaux frais, de crainte d'en être submergé. Que ne peut faire la vue soudaine du sang ? Les femmes les plus éthérées risquent de sombrer dans l'ivresse meurtrière, à l'instar des nonnes de la Septième

Diabolique[121], car si d'une part, elles ont l'être de la lumière, elles possèdent aussi, dirait Boehme[122], comme toutes choses, l'être de la colère.

Schelling, qui n'ignore d'ailleurs pas les atrocités qui ont accompagné la Révolution française (cf. S V, p. 258), partagerait la conviction qu'en dépit de toute l'application séculaire des morales reçues qui ont dégrossi l'humaine espèce, il reste un fond obscur prêt à surgir en disloquant la croûte de la culture et à défaire leur œuvre. Cela qui est vrai pour l'homme est d'abord une donnée générale de l'être qui cache un « principe barbare » (S VIII, p. 343). « L'effrayant et le terrible sont le vrai fond substantiel de la vie et de l'existence » (S VIII, p. 339). Il faut pour les discerner une lucidité qui n'est pas commune. Le philosophe estime qu'elles sont un reliquat de la création du monde, tel un Léviathan depuis toujours enfoui dans ses entrailles et qu'on ne peut étouffer et encore moins éliminer. « Après l'acte éternel[123] de l'auto-révélation[124], le monde est en effet tel que nous l'apercevons aujourd'hui : tout y est règle,

121. Qui a pour auteur La Varende (*L'Homme aux gants de toile*, III, ch. III). Barbey est l'auditeur du récit. Au chapitre suivant, c'est lui-même qui relate la Huitième Diabolique.

122. Cf. *Mysterium Magnum*, XXIX, 11. Boehme parle d'un passage de l'amour divin à un amour bestial (*Theosophische Sendbriefe*, XLVII, p. 366).

123. C'est-à-dire : extra-temporel, ce qui relève de la divinité.

124. Il s'agit de la création du monde par quoi Dieu se révèle.

ordre et configuration ; cependant l'irrégularité[125] demeure toujours sous-jacente, comme si elle pouvait encore faire une nouvelle percée ; il apparaît ainsi que nulle part l'ordre et la forme ne représentent quelque chose d'originaire, mais que c'est une irrégularité initiale qui a été ordonnée et réglée. Tel est ce qui, dans les choses, constitue la base insaisissable de leur réalité, le résidu absolument irréductible, ce qui, malgré les plus grands efforts, ne se laisse jamais défaire et reconduire à l'entendement, mais demeure éternellement au fond » (S VII, p. 359-360). On retient de ce texte trois leçons : 1/ que l'être n'est pas principiellement transparent à lui-même[126], 2/ que l'ordre a eu raison de l'informe, et 3/ que cette maîtrise n'est pas absolue. À défaut du terme, la notion de *refoulement* est présente[127], avec son corollaire d'un possible retour irruptif du refoulé (le soulèvement du fond) dans la mesure où il s'insurge, par nature,

125. *Regellos,* le sans-règle, autrement dit le prénomique.
126. Schelling déduira de la contingence du monde qu'il ne peut être l'effet d'une nécessité logique et qu'y prédomine « une masse de non-raison » qui fait dire que le rationnel y est accidentel (*Grundlegung der positiven Philosophie,* Turin, Bottega d'Erasmo, 1972, p. 100).
127. Notion déjà à l'œuvre en 1803 dans la *Philosophie de l'art*, posthume : « Les figures divines parfaites ne peuvent apparaître qu'une fois refoulés l'informe pur, l'obscur et le monstrueux. Tout ce qui rappelle immédiatement l'éternité, le fond premier de l'existence appartient encore à cette région de l'obscur et du difforme » (S V, p. 394).

contre l'unité et l'entendement. Or toute créature, pour ce qu'elle émane du fondement, hérite de la ténèbre primordiale (S VII, p. 360). L'une des façons dont elle dispose pour s'adonner au mal consiste à organiser le mensonge, la fausse unité obtenue à partir du désordre, l'autre, à tendre au chaos (cf. S VII, p. 159), pente qui vaut désir d'universel anéantissement, que l'on s'y efforce pour cause de déception, comme chez celui qui, « voudrait parfois que l'univers tout entier mourût de la plaie qu'on a au cœur » (I, p. 420), ou par nature comme le Méphistophélès de Goethe.

La perspective de Schelling permet de compliquer avantageusement la conviction de Barbey en ce qu'elle jette une lumière sur des actes qui, pour être criminels ou malins, ne tombent pas notoirement sous la catégorie de la barbarie. Or ce sont à ces actes-ci que le romancier accorda sa prédilection. Le seul récit qui comporte un cas de vampirisme physique (*Léa*) est gazé[128]. Il est vrai que le fantastique aurevillien ne donne pas dans la lycanthropie, ce symbole de la sauvagerie submergeant la civilité et poussant à la folie meurtrière dans l'émancipation, ne serait-ce que pour un moment, de toute loi. L'*Histoire sans nom* préfère se contenter de comparer à un loup le pré-

128. Il existe un vampirisme moral, celui de Ravila qui se nourrit du sang des âmes (II, p. 59, cf. p. 1628). La jalousie est comparée à un vampire dans *Le Cachet d'onyx* (I, p. 12).

dicant changé en une canaille sans foi ni loi (I, p. 289) réservant à son nom de suggérer une stricte identité (*ric* : puissant ; *(w)ulf* : loup). L'auteur de l'*Ensorcelée* a eu la délicatesse de permettre à l'amateur en étymologies de s'assurer que le choix du nom que la Croix-Jugan adopta au couvent (Ranulphe) n'autorisait pas à espérer un revirement de l'être, mais seulement une métamorphose, la matière persistant, la violence d'âme couvant en lui comme une braise celée qui ne tarderait pas à envahir la surface. Fait à noter : il est habituel que le changement de nom vise à accompagner une transmutation de l'âme ou la provoquer[129]. Or la Croix-Jugan renonce à celui de Jéhoël, nom d'ange, nom doublement divin…

Le plus dangereux des fauves se dissimule *sous* le disciple de saint François, l'homme raffiné et la femme du monde, tous trois élevés dans une tradition de bonté et de rectitude, tous trois pétris de culture. Il est des masques qui assurent protection et invisibilité dans le monde (cf. II, p. 1199), et d'autres qui, parce qu'ils inspirent le respect, travestissent d'autant mieux des prédateurs. Enregistrons le fait que Barbey n'a pas anticipé Huysmans en jetant son dévolu sur Gilles de Rais pour dessiner le portrait de l'humain satan accompli. Son choix s'est porté sur un homme d'Église, le

129. Cf. Philon d'Alexandrie, *De mutatione nominum*.

cardinal de Retz en qui il a vu le Diable, ni plus ni moins ; peut-être même un peu plus puisqu'il explicite ainsi son opinion : « Il s'appelle Légion. C'est un Pandemonium à lui seul »[130]. Non seulement un lieu (la capitale du Royaume infernal, chez Milton), mais l'ensemble des dynamismes du mal portant le soleil noir de l'amour infini de soi. Ce collectif de malices et ce maquis de contradictions qui sont latentes dans la conscience de l'impie Sombreval, qui s'élèvent sélectivement à l'acte chez Riculf, la Croix-Jugan, le Pâtre (de l'*Ensorcelée*) et les divers diaboliques, saturent mystérieusement le prince de l'Église.

Quand les déchaînements que favorisent la guerre et, chez Sade, l'inexpugnable castel, ne sont guère de saison, la barbarie s'avance masquée, non toutefois sans qu'elle soit subodorée par l'esprit de finesse et les limiers que la vérité met à la disposition du bien. Je dis bien la barbarie, c'est-à-dire proprement cette béance du chaos qui précède le verbe organisateur (à savoir ce qui relève de l'ordre du symbolique) et que la civilisation ne parvient pas à mettre totalement à la raison. Que

130. *L'Œuvre critique*, II, Paris, Les Belles Lettres, 2006, p. 1080. Voici sur quoi porte l'essentiel du reproche : « Un prêtre qui fut athée comme de Retz jusqu'au dernier moment de sa vie, en remplissant, comme il disait, ses devoirs *extérieurs* de prêtre, est plus satan que Satan lui-même, qui n'était qu'un Archange franchement révolté. De Retz est le Diable, et comme le Diable, d'ordre composite » (*Ibid.*)

le monastère de Blanchelande n'ait eu de « virginal que le nom » pour avoir abrité des « débordements » et des « sacrilèges » (I, p. 558), voici qui est propre à rappeler le couvent qui, dans *Justine,* abrite les turpitudes et les atrocités des moines sadiques. Deux contrastes sont à l'œuvre : 1/ la débauche envahit un lieu voué à la chasteté (« ... la corruption dans ces asiles consacrés aux saintes vertus »), 2/ le nom trompeur offusque la chose au lieu de la révéler. Le premier contraste s'exprime dans la substitution, le second dans l'ironie. On pense au *Bonheur dans le crime*, nouvelle édifiée sur l'analogie de la comtesse Hauteclaire de Savigny avec un grand félin. Eh bien, cette « panthère humaine » qui défie avec tant de morgue sa congénère arrachée à la jungle (II, p. 86), ne doit son élévation par le meurtre qu'au déguisement puisqu'elle s'est fait engager comme servante de la première comtesse afin de pouvoir l'empoisonner. Or servir est une modalité de l'amour... La scène du Jardin des Plantes, sur laquelle s'ouvre la nouvelle, entend montrer que le meurtre, bien que bassement intéressé, ne contrarie pas la nature de la sournoise dame. Je veux dire qu'il tient du substantiel, et non de l'accidentel. Quoique rien ne suggère que la comtesse y recourra à nouveau, la disposition mentale en est sans éclipse. Le chien n'est qu'un loup domestiqué. Tout crime ne serait-il donc pas intéressé ? La rapacité se laisse mesurer sur l'axe horizontal des motivations se déployant dans le monde, et non pas à partir de la nature foncière de la personne et de l'acte abyssal qui lui a conféré sa figure[131].

Il est légitime de recourir à la psychanalyse pour tenter d'élucider un comportement pervers devant lequel la simple psychologie se trouve désarmée. C'est déjà s'efforcer de trouver des raisons que la trame de la causalité horizontale n'exhibe pas, raisons qui toutefois déterminent encore une mécanique intentionnelle des pulsions (lesquelles sont en soi aveugles) au lieu d'en dévoiler la couche irrationnelle, la folie comme chaos et la liberté anomique. Que le comportement d'Alberte demeure tout au long incompréhensible au héros du *Rideau cramoisi*, davantage que tous les sphinx (II, p. 47), cela ne s'explique guère par une incapacité de diagnostiquer la pathologie dont souffre la demoiselle — « Est-elle folle ? » (II, p. 35). Brassard est d'abord affronté au contraste absolu entre son maintien réservé en surface lorsque entourée de père et mère, qui sont ce qu'on peut imagi-

131. « L'essence intelligible de chaque chose, en particulier de l'homme, est d'après l'idéalisme en dehors de toute connexion causale, comme en dehors et au-delà du temps » (S VII, p. 383) ; « l'essence de l'homme est essentiellement son propre acte » (S VII, p. 385). L'analyse de Willm manque de finesse. Il donne ceci à lire : « La vraie liberté est identique avec la nécessité absolue ; c'est une nécessité intelligible, qui résulte inévitablement de la nature de l'agent » (W, p. 331).

ner « de plus bourgeois » (II, p. 29), et l'audace de la caresse qu'elle lui impose de sous la table. Quelque chose de pré-archaïque envahit Alberte sans avoir à défaire la trame visible de la loi car l'interdit n'est levé et supprimé que pour soi. Sous la glace de « la grande Mademoiselle Impassible » (II, p. 41), le tempérament ardent et la débauche gratuite, *l'impulsion radicale* eût dit Poe[132]. Le mensonge compose l'être et le non-être. Une âme désunie qui ne se peint pas sur le visage. Un esprit faussaire qui montre bonne figure. Sous la parfaite civilité (façonnée dans la négation de l'animalité), la déferlante passion qui, non contente d'ébranler la paresse, révolutionne l'être[133]. L'impudique chaos perce toute la strate des codes sociaux sans se faire repérer — comme la jeune fille traverse la chambre où dorment ses parents afin de retrouver son amant. Ce dernier est (paradoxalement) assez avisé pour n'invoquer quelque raison que ce soit à son comportement. Il ne s'expliquera pas davantage sa fulgurante mort — qui fait pendant à l'incongruité de l'*émergence* (la main féminine qui se saisit impérieusement de la sienne) : ce sont deux événements (apparition et disparition) dont

132. Cf. *The Imp of the Perverse,* in *The Graham's Magazine*, juillet 1845.

133. « La passion est révolutionnaire », écrit Barbey à Trebutien le 1 juin 1851. Slogan qui lui plaît puisqu'il trouve à le réemployer dans la préface de 1865 à *Une vieille maîtresse* (I, p. 1308).

on ne peut fournir le sens (uniquement la description). Ils ne se laissent pas déchiffrer que dans leur restitution à leur ingouvernable origine abyssale : une jouissance qui échappe au réseau de l'utile, un épanchement irrésistible de la vie, une origine qui décourage toute identification empirique. Que la démesure soit fille de l'impiété[134], on peut le concéder, si cette dernière a pour charge de poser des limites. Mais d'où vient l'impiété elle-même ?

C'est tout le charme de la puissante Huitième Diabolique que de faire se succéder l'explicable (le mal pour quelque chose) et l'inexplicable (le mal pour l'amour du mal)[135], ce qui est ici de nature non pas à illuminer l'opaque, mais bien à obscurcir ce qui avait paru clair. Orlaville, hobereau normand, a ramassé dans la lande une magnifique fille en loques dont il fit sa servante et sa maîtresse. Elle domina la maisonnée et réclama avec grand tapage le mariage qu'elle finit par obtenir, soutenue par le fils aîné qu'elle sut intéresser à son honneur. Jusqu'ici la recherche du profit est patente. Et cela ne manque pas de ressemblance avec la Troisième Diabolique. Mais voici que la toute fraîche épouse se fait surprendre dans les bras de son beau-fils par son époux qui se fait éclater la tête d'un coup de

134. Le mot est d'Eschyle (*Les Euménides*, v. 532).
135. Ce qui s'explique par soi-même, dira Schelling, est ce qui ne peut être autre que ce qu'il est et, partant, suscite l'étonnement (*Grundlegung der positiven Philosophie,* p. 255).

fusil. Tout cela pour convoler avec le jeune homme, autrement vaillant que son père ? La causalité horizontale ne rend pas les armes. Survient le cadet qui ne tire pas un meilleur sort car le scénario se répète. La créature a du venin dans le sang. Là, ce sont les deux frères qui procèdent à son exécution avant de se livrer à la justice et d'être condamnés aux galères. Était-ce un être humain ou une louve, comme l'assure Barbey (personnage de La Varende) ? L'alternative n'est pas de mise, mais la question si, dans la mesure où elle tente de repérer cela dont procèdent l'homme et le loup, un mal d'avant l'homme, un mal qui empêche l'individu de penser à ce qu'il doit être. Vipère (I, p. 347), lion (I, p. 76, 355), tigre (II, p. 141), jaguar (I, p. 1181), panthère… ; Barbey n'est pas en peine de dépister la bête venimeuse ou sanguinaire en l'humain. Rien de plus qu'un recours à une métaphore facile, — à condition d'y voir le symbole du résidu de réalité irrationnelle dont l'homme est depuis toujours impuissant à se rendre maître[136]. Décrivant la magni-

136. Pour cela même, un fossé sépare l'intuition aurevillienne de l'idée à laquelle Charles de Bovelles a conféré la frappe d'un proverbe : « Sous la peau de l'homme, plusieurs bêtes ont ombre » (*Proverbiorum vulgarium libri tres*, Paris, 1531, CLIX), car il s'agit de l'intégration de toute l'animalité dans le microcosme humain. Barbey dirait alors que le mal se laisse définir par le retournement de la proposition leibnizienne suivant laquelle les choses inférieures existent dans les supérieures d'une manière plus noble qu'elles.

fique panthère du Jardin des Plantes, l'imagination du docteur Torty se met à vagabonder, non sans pertinence : « La panthère devant laquelle nous étions, en rôdant, arrivés, était, si vous vous en souvenez, de cette espèce particulière à l'île de Java, le pays du monde où la nature est le plus intense et semble elle-même quelque grande tigresse, inapprivoisable à l'homme, qui le fascine et qui le mord dans toutes les productions de son sol terrible et splendide » (II, p. 84). Le lecteur est invité à établir une correspondance entre ces trois félins : Hauteclaire, la nature intense et reculée et le léopard à pelage noir. Que l'on vienne à les superposer, et le tréfonds de Hauteclaire se verra assimilé à la nature rebelle. Si féroce qu'elle puisse paraître, la bête de la jungle obéit à des lois. Ce qu'y observe le sujet métaphorisant, c'est bien autre chose, l'anomie totale qui fait le fond de l'être et qui, à l'occasion, rompt les digues. C'est seulement le point de vue humain qui juge méchant un animal. Il est pensable que Barbey eût agréé le profond aphorisme de Baader, cité par Schelling (S VII, p. 373) : « Il serait à souhaiter que la perversité dans l'homme n'aille que jusqu'à la pure animalisation ; ce ne serait là qu'un moindre mal. Mais il n'en est pas ainsi : l'homme ne peut malheureusement se tenir qu'au-dessus ou en dessous de l'animal »[137]. Ce qui

137. Baader, *Sämmtliche Werke*, I, p. 36.

revient à dire que si la raison peut être corrompue (phénomène de la déraison), elle ne saurait être tout simplement éliminée. En outre, l'animalité en soi n'est pas le mal, elle comprend même de la bonté qui, en l'homme, l'empêche de sombrer dans le diabolique[138]. Rappelons qu'à l'animal, selon Schelling, n'est pas donné le pouvoir d'inverser les éléments dont il se compose : volonté propre et volonté universelle. Ou pour le dire autrement, le mal relève de l'esprit. Le félin en Hauteclaire n'est que la métaphore d'une violence qui gangrène les valeurs et d'une dépravation de la raison.

La barbarie éternelle au cœur de l'homme est cette folie latente que l'entendement a pour tâche de contrôler. Or telle n'est pas une de ses fonctions parmi d'autres, c'est sa nature car, dit Schelling : « Ce que nous appelons entendement, s'il est entendement effectif, vivant, actif, n'est proprement rien d'autre que de la folie *réglée* » (S VII, p. 470), sa vitalité et sa productivité étant à la mesure de la suprématie qu'il exerce sur la démence (S VIII, p. 339). La folie réglée vaut mieux que la maladie enrayée, et autant que le mal soumis. Les diaboliques sont de ces êtres chez qui la composition d'humain et de bestial, de clarté et de mystère, de raison et de chaos, autant de modalités du sphin-

138. *Ibid.*, p. 37. Sur l'opuscule de Baader, cf. J. Hatem, *De l'Absolu à Dieu. Autour du* Traité sur la liberté *de Schelling*, Paris, Cariscript, 1987, ch. V.

xiel, se rend visible à qui sait, comme Raimondin, épier l'être ambigu avec lequel il s'accouple. N'est-ce pas la vocation du romancier et du philosophe que de ne pas en rester à la surface d'une histoire, mais, comme le veut Barbey, « d'en pénétrer les profondeurs » (I, p. 584) quand l'événement lui-même est institué par le surgissement à la surface ? Pour espérer sonder le mystère d'iniquité l'écrivain doit jouir de « la plus grande intensité de la vie »[139], être comme Barbey écrivant à Bloy le 31 août 1875 : « En fait de péchés et de taches, je suis constellé, comme un léopard. Je suis un magnifique léopard ! » Aveu à prendre évidemment *cum grano salis.* Et surtout à comprendre à la lumière de ce qu'il avait confié à Trebutien le 22 novembre 1851 : « Je suis double et triple et multiple », ce qui, s'il est de nature à favoriser les germinations d'un talent de romancier, ne laisse pas aussi d'inquiéter.

Ceci dit, une remarque s'impose : en parlant du bestial, je ne le confonds pas avec le passionnel. S'il y a entre eux un rapport de dérivation à considérer, ce sera l'inverse de celui qu'on a l'habitude d'observer. Le bestial est la métaphore de la passion investie par le chaos, et non seulement dérivant de lui. Mais l'irruptif chaos lui-même, pour autant qu'il se présente à la vue dans un

139. « La meilleure définition de la poésie est peut-être celle-ci : c'est l'intensité, la plus grande intensité de la vie, n'importe où elle soit » (*L'Œuvre critique*, I, p. 555).

désenchaînement précis, n'est pas l'ultime raison des choses. La question demeure (celle de William Blake) de savoir qui forma du fragment d'éternité qu'est le tigre la terrible symétrie. Stefan George dit dans *l'Étoile de l'Alliance* :

> « La racine la plus profonde repose en une éternelle nuit ».

La Vellini se propose comme cet emblème du sphinxiel qui inspire au narrateur d'*Une vieille maîtresse* cette réflexion : « Quand on la voyait comme je la voyais alors, tendue par terre sur ces gerbes déliées, avec des torpeurs de couleuvre enivrée de soleil, je ne pouvais m'empêcher de penser à tous ces êtres merveilleux, rêvés par les poètes[140] comme les symboles des passions humaines indomptables ; à ces Mélusines, moitié femme et moitié serpent, à ces doubles natures, belles et difformes, qu'on dit aimer d'un amour difforme et monstrueux comme elles » (I, p. 519-520).

VIII

Le sentiment que génère l'émergence de l'instance refoulée rappelle la définition de l'*Unheimliche* que Schelling introduit dans sa *Philosophie de la mytho-*

140. Merveilleux et forts si l'on se souvient que « la Force — une force quelconque — est une chose poétique ! » (II, p. 1032).

logie : « On nomme étrangement inquiétant tout ce qui devait rester dans le mystère, dans le retrait, dans le caché, et qui en est sorti » (S XII, p. 649). Ce qui suscite le sentiment d'*Unheimliche* (littéralement : le non-familier) fut autrefois familier avant d'être relégué dans la latence. Refaisant apparition, il sème le transissement et le désarroi. Freud qui agrée la définition use de la notion pour expliquer le phénomène angoissant du retour du refoulé[141].

Schelling a en vue le monde des dieux grecs, tel qu'il vient à paraître à la conscience, et dont il dit qu'il est érigé sur un « abîme qu'il couvre comme de fleurs », abîme qui représente les religions orientales vaincues par le panthéon homérique. Cet abîme n'a pas été réduit à néant, seulement « rétroposé (*zurückzusetzen*) dans le secret, dans le mystère (dont originellement il était sorti) » (S XII, p. 649).

Barbey a éprouvé lors d'un voyage dans les Pyrénées la sensation que l'inconnu était familier : « Dieu est un grand poète monocorde. Ce qu'on voit vous rappelle toujours quelque chose qu'on connaît » (*Quatrième Memorandum,* II, p. 1079). Il n'en tire aucune inquiétude, seulement de l'ennui. Il fait mieux dans *L'Ensorcelée* quand la cloche sonne sinistrement pour annoncer la messe impossible du revenant. Qui revient ? L'insensible

141. *L'Inquiétante étrangeté*, in *Essais de psychanalyse appliquée*, tr. M. Bonaparte et E. Marty, Paris, Gallimard, 1971, p. 199-200.

moine, le chasseur de sangliers, le chouan altéré de carnage, l'aristocrate altier qui écrase de son mépris les êtres quand il lui arrive d'en relever la présence, le familier des orgies, l'involontaire ensorceleur ? Tout cela à la fois, mais dans la figure de celui qui s'en repent sans réussir à en contenir la force résurgente comme fixée à jamais dans la mort ignominieuse à l'instant de la transsubstantiation. Tout cela à la fois, mais aussi dans la figure de la lande qui ne se laisse hanter que parce qu'elle souffre de mélancolie à l'approche de l'aciéreux gant de la mécanique : « Qui ne sait ce charme des landes ?... (...) Elles sont comme les lambeaux, laissés sur le sol, d'une poésie primitive et sauvage que la main et la herse de l'homme ont déchirée. Haillons sacrés qui disparaîtront au premier jour sous le souffle de l'industrialisme moderne » (I, p. 555). La Croix-Jugan ne fait donc retour que porté par la vague nostalgique de la terre normande, vague dont il n'est la crête que le temps d'un récit. Tout cela à la fois, mais aussi ce qui se remue dans les profondeurs de Barbey, et par ricochet, des divers narrateurs.

Pour ce qu'elle n'est pas un grand poète monocorde, l'inspiration fantastique de Barbey emploie la magie de son pinceau pour repérer plusieurs plis dans la masse sonore de l'affectivité. La poésie primitive et sauvage évoquée par lui n'en offre qu'une strate puisque l'imagination, par un suprême effort qui la conduit à sa limite, se donne l'idée de l'abyssal, de cet inexplicable[142] devant quoi recule toute parole. S'explique par là la récurrence de l'expression « sans nom » sous la plume du romancier (par exemple, la sensation est sans nom de Jeanne observant le visage sans nom de la Croix-Jugan) (I, p. 603) et jusque dans le titre d'un de ses récits. Est proprement innommable le phénomène acausal surgeon de « l'être ténébreux, impénétrable et inexprimable » (S VIII, p. 242). Or de cela même qui menace l'intégrité de l'être jaillit la flamme qui enfante la mystique, la diabolique et leur poète qui donne d'ouïr les soupirs de la sainte et les cris de la fée.

142. C'est ce qui échappe au concept, la chose incompréhensible et étonnante, qui doit faire prioritairement l'objet de la philosophie, au lieu que le rationalisme prend pour objet ce qui s'explique par soi-même et partant ne peut être autrement qu'il n'est, dit Schelling (*Grundlegung der positiven Philosophie,* p. 225).

Chapitre II
La fleur commune du conscient et de l'inconscient

> « Le caractère fondamental de l'œuvre d'art est une infinité inconsciente » (Schelling).

I

Barbey a été impressionné par le résumé que fit Willm du *Discours sur le rapport des arts plastiques avec la nature.* Je reproduis ci-après le paragraphe qui a reçu ses suffrages : « Il y a longtemps qu'on a compris que, dans l'art, tout n'est pas produit avec conscience, qu'à l'activité consciente doit se joindre, dans la production, une force inconsciente, et que ce qu'il y a de plus grand dans l'art est le produit du concours de ces deux facteurs. "Les œuvres qui ne sont pas marquées au sceau de cette science inconsciente, se reconnaissent à l'absence de cette vie indépendante de l'artiste, qui l'anime à son insu, tandis que là où elle est présente l'art communique à son ouvrage, avec le caractère de la plus haute clarté, qui satisfait l'entendement, cette réalité merveilleuse par laquelle il paraît semblable à une production de la nature"[1]. Ainsi le génie est à la fois productif comme la nature et comme l'esprit : il obéit secrètement à un instinct divin, en même temps qu'il raisonne sa production : c'est une abeille intelligente. Il participe de la faculté créatrice divine, et c'est pour cela qu'il sera d'autant plus près de la nature qu'il cherchera moins à la copier matériellement, et qu'il s'inspirera davantage des idées, qui sont le type commun des œuvres de l'art et des produits naturels. Ce sont deux activités issues d'une même source. Il n'imite pas la nature dans le sens vulgaire ; il fait comme elle, ou plutôt comme l'âme divine qui l'anime et qui se manifeste en elle » (W, p. 344). L'édition des *Omnia* reproduit l'essentiel du paragraphe, mais avec des lacunes que leur éditeur n'a su combler[2]. Suit chez Barbey

1. Willm renvoie évidemment aux *Philosophische Schriften,* I, Landshut, Philipp Krüll, 1809. Dans S : VII, p. 300-301.
2. Pour comparer : « Le génie est une abeille intelligente… l'art, deux forces — consciente et inconsciente. Les œuvres non marquées par la force inconsciente se reconnaissent à leur absence de vie, — et quand elle est présente… ?… communique. La plus haute clarté qui satisfait l'entendement et cette réalité … ? … par laquelle il paraît semblable à une production de la nature » (O, p. 88).

cette appréciation : « Ceci de M. de Schelling est exquis » (O, p. 88).

Il fera son profit de ces notes sans que cela donne à supposer qu'il avait épinglé dans son album quelques apophtegmes, comme de beaux papillons devant être lâchés dans ses articles afin d'épater la galerie — car leur citation touche à l'essentiel. Dans celui, déjà évoqué, qu'il a consacré à Roger de Beauvoir un paragraphe nous intéresse particulièrement : « Et ce n'est pas, du reste, dans des vers de cette inspiration familière, idyllique et élégiaque à la fois, que se montre et s'épuise le talent qui s'est renouvelé en se dépouillant. M. de Beauvoir, tout en gardant l'individualité de sa touche, cette individualité qui fait qu'un homme est le Corrège en traitant les mêmes sujets que Raphaël, est aussi varié dans le choix de ses sujets que peut l'être un poète lyrique, un de ces poètes qu'un philosophe allemand, poète lui-même, et même plus poète que philosophe (Schelling), appelle “les abeilles intelligentes de l'Infini” ». Il croit de Schelling la référence précise à l'abeille, alors qu'elle appartient à la glose willmienne[3]. On notera l'ajout (qui n'est pas dans O, p. 88) : les ouvrières aurevilliennes sont des abeilles *de l'Infini*. Est-ce à dire qu'elles se chargent de pomper le nectar de *toutes* les fleurs psychiques et terrestres

3. Voir l'appendice III.

ou s'enhardissent-elles et s'envolent pour l'exploration avantageuse des champs célestes ? Cela reviendrait au même pour Schelling, guère pour Barbey. Qu'en est-il pour un authentique poète ? Rilke déclarera : « Nous sommes les abeilles de l'Invisible. Nous butinons éperdument le miel du visible pour l'accumuler dans la grande ruche d'or de l'Invisible »[4]. Est-ce la fonction propre du poète (« Ta bouche est un essaim d'abeilles », dit Jaume Pont)[5] ou le comportement de tout un chacun qui ouvre l'espace intérieur de son cœur à tout ce qui l'entoure ?

> « Terre, n'est-ce pas là ce que tu veux : naître *en nous* invisible ? »[6].

Quand bien même cette opération ressemblerait davantage à l'idéation qu'à l'archivation naturaliste, Barbey, me semble-t-il, aurait reculé devant cet infini cumulatif. Concevant, en 1858, que « le génie est de l'infini », il l'en fait participant et non recueillant ou même accueillant, ce pour quoi il enchaîne : « et pour qu'il déborde du cœur, nous en avons assez d'une goutte »[7]. Comprenons que l'infini est immanent à l'esprit et le constitue[8].

4. Lettre à Witold von Hulewicz du 13 novembre 1925.
5. *Raison de hasard*, tr. F.-M. Durazzo, Montréal-Le Pont du Rôle, *Édition du Noroît-Fédérop,* 2010, p. 199.
6. Rilke, *Élégies de Duino*, IX. Je souligne.
7. *Articles inédits,* p. 39.
8. L'idée est récurrente chez Schelling. Exemple : S VI, 52.

Barbey a déjà lu l'ouvrage de Willm lorsqu'il écrit, en 1854, dans une recension d'une traduction de l'œuvre de Thérèse d'Avila : « Il y a de l'infini dans toute âme, mais il y est, et même dans les plus grandes, à l'état latent, mystérieux, sommeillant, comme l'Esprit sommeillait sur les eaux, tandis que dans l'âme de Thérèse l'infini déchire son mystère, se fait visible, et passe dans le langage où la pensée déborde les mots ». Thérèse « est infinie dans le sens métaphysique », et cela contrairement à Pascal qui ne l'est que par intermittences[9]. Qu'il y ait de l'infini dans le fini, les philosophes l'ont appris au romancier (cf. II, p. 216)[10]. Que l'infini de l'âme transparaisse dans le visage, c'est toute l'affaire de l'observateur que de le découvrir et d'en tirer profit[11].

Barbey bat le rappel d'un autre passage dans un article dédié à madame d'Aulnoy : « Son livre

9. *Femmes et moralistes*, p. 58.
10. L'œuvre d'art en est un exemple (S III, p. 627 ; VII, p. 142). Pour Barchou de Penhoën, le génie, selon Schelling, s'exprime dans l'acte de « faire passer dans un symbole sensible aux sens l'infini d'une idée » (*Histoire de la philosophie allemande depuis Leibnitz jusqu'à Hegel*, II, Paris, 1836, p. 66). Tieck exprime parfaitement l'esprit du romantisme allemand lorsqu'il écrit que l'œuvre d'art doit être « inépuisable comme l'est un être humain » (*Schriften*, II, Berlin, Reimer, 1828-1854, p. LXXXIX).
11. « Dieu a voulu qu'il n'y eut d'infini que la physionomie, parce que la physionomie est une immersion de l'âme à travers les lignes correctes ou incorrectes, pures ou tourmentées du visage » (II, p. 234).

où le talent se met comme le feu se met à une robe de mousseline qui flotte, est un modèle de cette force *inconsciente* dont parle quelque part Schelling “laquelle — dit-il avec génie — produit cette haute clarté qui satisfait l’entendement et cette *réalité merveilleuse* qui rend une œuvre de l’esprit semblable à une production de la nature”. La “merveilleuse réalité” dont parle Schelling, voilà donc le caractère en saillie des mémoires sur la cour d’Espagne par une femme qui dut à ses contes presque toute sa célébrité »[12]. Barbey aurait volontiers confirmé le jugement d’Amiel : « Toute la première philosophie de Schelling est l’apothéose du génie »[13].

II

Ce qui s’articule du concours des deux activités reproduit en raccourci la théorie de la création artistique mise au point dans *le Système de l’idéalisme transcendantal* qui remonte à l’an 1800. Willm l’a commentée en quelques denses pages (W, p. 195-199) que Barbey a sûrement méditées[14]. Il y a en

12. *L’Œuvre critique*, IV, p. 338.
13. *Journal*, 25 février 1880.
14. Il a remarqué dans l’ouvrage de Schelling une sorte d’identité chiasmatique : « On peut définir le temps, dit Schelling, l’espace fluide et l’espace le temps fixé » (O, p. 44 ; W,

réalité deux théories de la création artistique dans le *Discours*. Il est remarquable que Barbey ait été sensible à celle qui est reprise du *Système* de 1800 et non, selon toute apparence, à celle qui exprime la pensée de Schelling en 1807, pour laquelle l'art est une « émanation immédiate de l'absolu » (W, p. 336) et qui s'appuie sur ses cours (inédits à l'époque) portant sur la philosophie de l'art.

Schelling établit dans le *Système* que la production artistique combine les effets de deux autres types de production : 1/ celle de l'Histoire commence dans la conscience et librement (les sujets veulent ceci ou cela et agissent en conséquence) et finalement apparaît inconsciente pour le philosophe qui discerne à travers la multiplicité des actions un objectif que les agents n'ont pas visé et qui se dessine pour lui seul lors même que l'Histoire se poursuit à l'infini ; 2/ celle de la nature a lieu de façon tout à fait inconsciente, mais là aussi

p. 167 ; relevé également dans Barbey d'Aurevilly, *Lettres et fragments,* Paris, Aubier, 1958, p. 105). Le mot d'intensité ne pouvait pas lui échapper : « Parce que le moi étant objet pour lui-même comme intensité pure, comme une activité qui ne peut s'épandre qu'en une seule direction, mais qui est maintenant concentrée en un point » (O, p. 44 ; W, p. 167). Il a également souligné ceci qui découle du même ouvrage : « Pour Schelling : l'Histoire n'est pas une série d'événements sans loi, pas plus que cette série la suivant avec une régularité absolue. Elle est la réalisation successive d'un idéal par l'espèce tout entière » (O, p. 45 ; W, p. 191 ; aussi dans *Lettres et fragments,* p. 105).

un deuxième coup d'œil met au jour une finalité qui donne à penser qu'une activité consciente est à l'œuvre. La production artistique adopte cet élément de la production historique qui consiste à débuter consciemment, et cet élément de la production naturelle qui commande de s'achever dans un produit déterminé. S'explique ainsi que le génie, productif à la fois comme la nature et comme l'esprit, obéit secrètement à un instinct divin, en même temps qu'il raisonne sa production en *abeille intelligente* qu'il est, abeille pour la production inconsciente dont le résultat est finalisé, intelligente pour la réflexion. Considérant le produit achevé, l'artiste réalise que bien des aspects qui lui paraissent sinon incompréhensibles, du moins susceptibles d'une surabondance de significations, n'ont guère été apportés par lui en toute connaissance de cause. D'où le syntagme d'« infini sans conscience » qui spécifie l'œuvre (W, p. 197) et la découverte que la production a réuni la liberté et la nécessité. De là aussi le recours de l'artiste à la notion d'inspiration que l'idéalisme transcendantal, arrachant à la mythologie des muses, permet d'appréhender comme un ouvrage de son esprit en tant qu'il est cette identité du sujet et de l'objet dont le produit offre le miraculeux reflet[15].

15. Pour un développement moins sommaire, cf. J. Hatem, *L'Art comme autobiographie de la subjectivité absolue. Schelling, Balzac, Henry*, Orizons, 2009, ch. I.

Barbey en parle d'autant plus volontiers qu'il connaît le phénomène. Alors qu'il peinait sur *Une vieille maîtresse,* il écrivit à Trebutien le 15 mai 1845 : « Il y a une telle page qui a été tracée dans une ivresse de pensée que je n'ose appeler de l'inspiration (il est des mots diablement scabreux à employer) ». Serait-ce modestie ? Dix ans plus tard, le 27 avril 1854, s'adressant au même, au sujet d'un poème cette fois-ci, *La Maîtresse rousse,* il ne recule pas devant le recours à la mythologie, aggravé. Il se présente comme faisant partie de ceux qui « ne font des vers que sous le viol de la Diablesse appelée Poésie, l'inspiration est une capricieuse (...) » (II, p. 1590-1591)[16].

III

Que valent les deux emprunts aurevilliens à la philosophie schellingienne de la création artistique à

16. Barbey a recopié un autre passage du *Discours,* légèrement abrégé par Willm : « Winckelmann compare la beauté à l'eau qui puisée à la source, est d'autant meilleure qu'elle a moins de saveur. Il est vrai que la plus grande beauté est sans caractère, mais elle l'est dans le même sens que l'univers est infini, ou que l'art de la nature créatrice est aussi sans forme, parce qu'elle n'est elle-même soumise à aucune forme déterminée » (W, p. 348, S VII, p. 306). Dans O, p. 88, la dernière phrase est réduite à l'essentiel : « — l'art de la nature est sans forme parce qu'il n'est soumis à aucune forme déterminée ».

laquelle Barbey donne cause gagnée ? Les a-t-il convenablement exploités ? Pour le premier, le critique a négligé le contexte, lequel met en jeu la théorie des deux activités issues de la même source. Il n'est pas impossible qu'il l'ait eu présente à l'esprit, quoique j'en doute, car la citation va dans une tout autre direction, insistant sur la récolte faite dans les champs de l'infini au lieu de mettre en évidence la part à la fois inconsciente et réfléchie de l'acte. Il y a comme une jolie métaphore naguère grappillée qu'il a paru utile d'employer. Le motif n'en est pas entièrement décoratif car Barbey innove lors de la rédaction de l'article. Il transforme l'image en introduisant une harmonique nouvelle. C'est sur la diversité des sujets glanés et l'immensité du champ d'exploration qu'il fait porter tout le poids de la métaphore du poète lyrique comme aventureuse avette.

Pour le deuxième emprunt, dans l'article consacré à madame d'Aulnoy, où nous retrouvons l'idée de production inconsciente, il est déplorable que Barbey ait embrouillé les choses et se soit égaré. La raison en est due, pour l'essentiel, à une prise de note défectueuse. Il mentionne une « force inconsciente qui produit cette haute clarté , etc. ». Il en va de même dans les *Omnia* (O, p. 88). Or chez Willm, comme dans Schelling, c'est le mot *science* qui se lit. La bévue vient du fait que la phrase précédente, chez Willm, donne « force inconsciente ». La contraction du propos par Barbey est malheureuse puisqu'elle escamote l'autre force. En effet, le philosophe met en œuvre deux forces, l'autre étant consciente. Je rappelle le texte de Willm (qui est quasiment une traduction)[17] : « ...à l'activité consciente doit se joindre, dans la production, une force inconsciente, et (...) ce qu'il y a de plus grand dans l'art est le produit du concours de ces deux facteurs ». L'étourderie a de fâcheuses répercussions car elle empêche son fauteur de répartir correctement les fruits de l'acte. Il est clair que chacune des forces unifiées produit son effet propre : c'est à la consciente que se rapporte le caractère de la plus haute clarté qui satisfait l'entendement (la conscience reconnaît là son bien[18]) ; à l'inconsciente appartient cette réalité merveilleuse par laquelle elle paraît semblable à une production de la nature (c'est-à-dire quelque chose qui, ayant la spontanéité de l'instinctif, est proprement inimitable et gorgé de mystère). Or c'est précisément cette dualité, dans

17. Manque seulement l'idée, quand même importante, de la pénétration réciproque (*gegenseitige Durchdringung*) des deux forces (S VII, p. 300).

18. Un autre de ses biens est tout le côté de la technique, ce que Barbey, pour sa part, appelle « l'art *physique* de faire des vers » (*Femmes et moralistes*, p. 296). Il reconnaît à Zola le talent de la construction et de l'étude, mais c'est pour lui dénier l'art fait d'inspiration (*Le Roman contemporain*, Paris, Lemerre, 1902, p. 231).

laquelle la force inconsciente n'entre qu'au titre d'*un* facteur sur *deux*, que préserve le syntagme de *science inconsciente* qui compose le réfléchi clairvoyant et l'irréfléchi mystérique. Or Barbey écrit que la force inconsciente produit ceci et cela, ce qui offusque assurément la vérité et ramène la composition artistique à un délire, ce que Barbey lui-même ne conçoit guère qui soutient ailleurs qu'« il n'y a que deux Écoles (...) en poésie, les Volontaires et les Inspirés »[19]. La folie, cet ingrédient de l'art, ne saurait, pour Schelling à tout le moins, le définir dans sa totalité car il faut qu'au pampre la rose s'allie.

19. *L'Œuvre critique*, I, p. 806. Sur la spontanéité de certains qui font des chefs d'œuvre comme les mères font de beaux enfants, voir *L'Œuvre critique*, IV, p. 873.

Appendices

I
Le poète métaphysicien

Barbey note que « le fameux philosophe Schelling a fait un volume de poèmes sous le nom de Bonaventure »[1]. Bien qu'il ait pu faussement attribuer, comme bien des contemporains, les *Veilles* de Bonaventura[2] au philosophe, il n'en reste pas moins que la méprise s'explique par le fait que ce dernier a effectivement livré à l'impression quelques pièces sous ce même pseudonyme

1. O, p. 35 ; *Lettres et fragments,* p. 103.
2. L'erreur a sans doute été transmise à Barbey par l'essai que Heine consacra à l'Allemagne romantique ; il n'y émet pas le moindre doute sur l'authenticité schellingienne des *Nachtwachen* parues en 1804 à Penig (cf. *De l'Allemagne*, Livre de poche, Paris, 1981, p. 222). Heine avait été jusqu'à présenter Schelling comme un poète raté qui a trouvé une appréciable compensation dans la spéculation (*Ibid.*, p. 144).

dans le *Musenalmanach* de 1802[3]. Il faut sans doute ajouter à cela le profit que Barbey a su tirer de la théorie schellingienne de la création artistique afin d'expliquer que l'Allemand ait pu passer à ses yeux pour une rare composition de poète et de philosophe. Pour ce qui est de son style, Barbey pouvait certes s'en faire une certaine idée grâce aux extraits dont il a pris connaissance ou sinon se ranger à l'avis de Willm déclarant que tel sujet est « décrit en un langage resplendissant de poésie » (W, p. 351). Sans faire de lui un poète, grand ou petit, madame de Staël avait jugé que l'homme était « un excellent littérateur »[4] après avoir noté que « son imagination pleine de vie ne saurait se contenter des idées abstraites »[5]. Non pas un poète à côté de la philosophie, mais un poète en philosophie.

L'occasion s'est présentée au Connétable des lettres de l'énoncer en opposant à l'auguste figure celle de Hegel qui lui servit presque toujours de repoussoir[6], bien que tous deux représen-

3. S X, p. 431-439. Il avait choisi le pseudonyme de *Venturus* comme correspondant à son caractère. August Wilhelm Schlegel, le directeur, préféra *Bonaventura*. Cf. Schelling, *Briefe und Dokumente,* I, Bouvier, Bonn, 1962, p. 208.
4. *De l'Allemagne*, III, ch. VIII.
5. *Ibid.*, ch. VII.
6. Exception : Barbey se gausse, dans son article sur Jean Reynaud paru dans *le Pays* le 13 septembre 1954, de qui revient « en plein dix-neuvième siècle, — après les travaux philosophiques de Hegel et de Schelling, — à ce risible système de

tent exemplairement l'esprit de système[7]. Ce fut à l'occasion d'un article de 1855 sur Heine, dont l'œuvre eut étrangement l'heur de plaire à celui qui fit généralement profession d'éreinteur, ce qui ne l'empêcha pas de le réprimander d'afficher un penchant pour Hegel (déjà publié dans l'essai *Sur l'histoire de la religion et de la philosophie en Allemagne*) : « Il y a des philosophies qui sont presque des poésies sans rythme[8], il y a des métaphysiques qui ont un côté idéal, grandiose, religieux, et ce n'est pas pour rien sans doute qu'on parle des ailes d'or de la pensée de Platon. Oui ! il y a toujours eu de ces philosophies dans le monde ; il y avait même en Allemagne, du temps de la jeunesse de Heine. Schelling existait, — un grand poète en métaphysique ! — un panthéiste aussi comme les autres, mais un panthéiste auquel les Imaginations puissantes sont tentées de tout pardonner. C'est lui, Schelling, qui écrivait, tout philosophe qu'il fut cette réserve sublime : "Il est impossible de se tirer de l'explication du monde sans la chute. L'univers

la métempsychose » (*L'Œuvre critique*, I, p. 34). Il est à noter que ce dernier a admis, en 1804, une forme de palingénésie astrale (S VI, p. 62-63 ; cf. W, p. 329) qui n'est pas fort éloignée de celle que conçoit Reynaud dans *Terre et ciel*, objet de la recension.

7. *L'Œuvre critique*, I, p. 617.
8. On sait que Barbey a composé un recueil de poèmes en prose intitulé *Rhythmes* (sic) *oubliés*. Sur l'état intermédiaire entre prose et poésie, cf. II, p. 1611.

n'est pas issu de l'absolu comme un fleuve sort de sa source ou comme une plante de son germe ; il s'en est détaché et *tombé...*" Et il symbolisa son idée par l'enlèvement de Proserpine. C'est lui qui disait encore : "Tel que l'éclair sort d'une nuée sombre et éclate par sa propre force, *éclate du sein de Dieu une Affirmation infinie*"[9]. Certes ! puisque Henri Heine voulait désaltérer un esprit divinement souffrant qui n'aurait dû boire que ses larmes, dans les eaux troubles et courantes de ces philosophies qui passent si vite en Allemagne et tout à coup y tarissent, on peut se demander pourquoi il n'est pas allé à M. de Schelling attiré par la grande sympathie des grandes facultés fraternelles ? Comme ce doux Hylas, aimé d'Hercule, dont il avait alors spirituellement la beauté vierge, s'il eût été entraîné au sein du torrent amer, il fût tombé au moins dans une onde que le soleil aurait tiédie et la Nature glorifiée par Schelling, l'aurait reçu dans ses bras de déesse comme les nymphes y reçurent Hylas. Mais non ! ce n'est point à M. de Schelling qu'il est allé, ce n'est point vers les flots fascinants d'une rayonnante philosophie qu'il a incliné son amphore ! Par un contraste inexplicable,

9. Barbey invite à apprécier autant la forme que le contenu. Il avait copié la sentence dans son cahier de notes (O, p. 87). Dans l'original : « Car, ainsi que l'éclair, etc. » (W, p. 283). Le texte se lit dans les *Aphorismen zur Einleitung in die Naturphilosophie,* § 102.

il a choisi Hegel, le triste Hegel et son monstrueux prosaïsme, — Hegel l'antipoète, l'antéchrist de toute poésie, qui a osé écrire que “la nature n'est rien en soi, qu'il n'y a rien de réel en elle que le mouvement de l'idée” »[10]. Dans la suite de son article, Barbey voit dans le poète allemand qu'il prise fort « une de ces lyres humaines *accordées* pour vibrer sous l'*Affirmation infinie,* comme dit M. de Schelling ». Entendre : sous l'inspiration de Dieu ; et peut-être davantage : le génie artistique, selon Schelling (confirmé par Balzac[11]), « imite l'action créatrice dont la nature est le produit » (W, p. 340).

10. *L'Œuvre critique*, III, p. 982-983. Cf. *L'Œuvre critique*, I, p. 76. La citation de Hegel dans Willm IV, p. 270. Il est inutile de reproduire les griefs de Barbey contre l'auteur de la *Science de la logique*. Il suffit ici de noter qu'il a eu vent, avant de lire Willm, de l'offensive que Schelling conduisit à Berlin contre les « idées religieuses » de son défunt rival (*De l'Histoire*, p. 22). La source de son information est soit Pierre Leroux qui traduisit et publia dans la *Revue indépendante* d'avril 1842 la leçon inaugurale de Schelling du 15 novembre 1841, soit l'article (favorable à Hegel) d'A. Lèbre dans la *Revue des deux Mondes* de janvier 1843 sur la *Crise actuelle de la philosophie allemande* qui présente l'avantage de donner une idée du cours entier sur la philosophie de la Révélation. La première analyse sérieuse du cours en langue française est due à Matter, soutenu dans son effort par sa bonne connaissance du gnosticisme. Signalons en passant que Barbey fréquentera le poète et historien allemand Ludwig Wihl qu'il recommande parce qu'il a connu Heine et Schelling (Lettre d'avril 1869 à Hector de Saint-Maur) et fut l'ami de Schelling (*Poésie et poètes*, Paris, Lemerre, 1906, p. 193).
11. Cf. J. Hatem, *L'Art comme autobiographie de la subjectivité absolue,* I, ch. III.

Au lieu de simplement vibrer *sous* l'Affirmation infinie, *en* participer. Résultat : « l'art imite moins la nature qu'il ne rivalise avec elle » (W, p. 340).

Si Willm estime aussi que Schelling est souvent (et surtout après 1801) poète dans sa philosophie, c'est pour lui en faire reproche : « À la place de la déduction rigoureuse se substituera de plus en plus une contemplation mystique, une sorte d'inspiration immédiate et poétique, féconde en beautés, en paroles éloquentes, en strophes harmonieuses, mais qui ne saurait être l'instrument de la pensée philosophique » (W, p. 238-239)[12]. Que sera-ce si l'objectif était devenu de fonder, comme dit Schelling lui-même, « une école de poésie » ? Et de poursuivre : « Que ceux qui partagent son enthousiasme continuent à travailler à ce *poëme* éternel qu'on appelle la philosophie, et qui est l'image de l'univers » (W, p. 280 ; VII, p. 145)[13].

Il n'en reste pas moins qu'une stricte différence de méthode sépare le labeur philosophique de l'activité artistique. Outre la part de l'incons-

12. Matter loue aussi (*op. cit.*, p. 185-186) le cachet poétique qui s'imprime à la prose de Schelling tout en l'exonérant de l'infamante imputation de déroger au labeur du concept.

13. Barbey a dû se rendre également attentif au paragraphe suivant : « La philosophie est un poëme sans fiction, dont le sujet est l'enfantement de l'univers par la pensée divine, la pensée reproduisant avec conscience et liberté ce que l'éternelle activité produit sans conscience et avec une spontanéité nécessaire » (W, p. 380).

cient dans la production artistique, il faut compter aussi que même si la philosophie est comparable, au dire même de Schelling à une œuvre d'art, son auteur se doit d'exposer toute sa démarche alors que l'artiste en efface les traces afin de montrer l'œuvre dans sa perfection[14].

II
Les fulgurations en panthéisme

Schelling, Barbey ne l'ignore pas, restitue à la nature ses droits légitimes (la formule est de Heine) en cela qu'il la dote de créativité et l'arrache à sa dépoétisation décrétée par les Lumières. Ils sont, à cet égard, du même bord, romantique[15].

14. *System der Weltalter,* p. 86.
15. L'Introduction de la *Revue critique de la philosophie, des sciences et de la littérature* (co-fondée par Barbey) s'exprimait clairement dans ce sens dans le numéro du 1 février 1834, en se référant à l'école de philosophie de la nature fondée par Schelling : « Plusieurs de nos grands naturalistes et physiciens ont senti le besoin d'une philosophie de la nature qui, dans un pays voisin, est cultivée déjà depuis quelque temps avec beaucoup d'ardeur et de succès ». Barbey a lu les pages que Willm consacra à l'ardue *Darstellung meines Systems der Philosophie* de 1801. Il en prélève la phrase suivante : « Le cerveau de l'homme est la *fleur*, — le couronnement de l'organisme sur la terre » (O, p. 45 ; chez W, p. 244 : « ...de toutes les transformations de l'organisme sur la terre » ; chez

En dépit du panthéisme imputé à Somegod, alias Maurice de Guérin (*Amaïdée*, II, p. 1135), Barbey ayant retrouvé la foi chrétienne, ne cessera de dénoncer la doctrine qui confond Dieu avec le tout puisqu'il tient à célébrer Dieu dans sa transcendance, dans son surnaturel et surtout dans sa personnalité. Il fait une exception pour Schelling dont il admire la « poésie ». On se souvient qu'il admet que les imaginations puissantes soient tentées de tout lui pardonner, cette erreur y compris. C'est là plus que la marque d'un engouement ou la reconnaissance que certaines élaborations théoriques du philosophe ne sont pas étrangères à sa sphère d'intérêt. C'est dresser un monument à celui qu'il n'a jamais tenu en petite estime et qu'il se permettait de qualifier, déjà en 1844, de « plus grand nom de l'Allemagne actuelle »[16].

Willm, pour sa part, avait pris quelque soin de disculper le panthéisme schellingien (Dieu est en tout) de sa variante matérialiste ou athée (tout est Dieu) (W, p. 377), ce qui ne l'empêche pas de lui décocher la flèche que mérite amplement le panthéisme matérialiste : il anéantirait la liberté ce qui priverait la vertu et la vérité de leur fondement (W, p. 379). Jugement erroné dès lors qu'avaient paru les *Recherches sur la liberté humaine* qui

Schelling : «… la fleur suprême de toute la métamorphose organique » (S IV, p. 211).

16. *De l'Histoire*, p. 5-6.

dialectisent la copule (Dieu *est le fondement* de tout), et confèrent au prédicat (l'homme) l'autonomie et à Dieu la pleine personnalité. Willm a du moins pris soin de noter que c'est le fondement de Dieu (et non Dieu lui-même) qui est la cause matérielle du monde (W, p. 327 ; S VII, p. 359). En tout état de cause, une nuance est apportée par Barbey même là où statuant sur l'empire qu'exerce le cartésianisme sur les systèmes philosophiques, il taxe de panthéisme celui de Hegel en réservant à Schelling la dénomination bâtarde de « mystico-naturalisme »[17].

Ne disposant pas de toutes les pièces du dossier et sans doute entraîné par les diatribes des théologiens catholiques[18], Barbey approuve le verdict de son médiateur : « Dans le panthéisme, dit très bien Willm, tout se réduit à une évolution immanente, où tout se produit avec une nécessité absolue » (O, p. 87 ; W, p. 288)[19]. Il retient que le philosophe « nie entre Dieu et le monde toute relation directe — fait de celui-ci un pur fantôme, et dit Willm, — une espèce de mirage projeté dans

17. *Les Prophètes du passé*, Paris, Éd. du Sandre, 2006, p. 32.
18. Cf. en particulier l'*Essai sur le panthéisme dans les sociétés modernes*, Paris, 1840 de l'abbé Henri Maret qui mentionne Schelling parmi les champions de « la grande aberration » et accuse au passage Goethe et Byron d'avoir introduit la doctrine condamnée dans la poésie.
19. Et non : « produit à nécessité absolue » qu'on lit dans O.

le vide » (O, p. 87 ; cf. W, p. 311)[20]. Et il se plaît à copier la proposition 101 des *Aphorismes pour introduire à la philosophie de la nature* : « Les choses considérées dans leur essence ne sont que des émanations rayonnantes ou, comme disait Leibnitz, des fulgurations de l'affirmation infinie » (O, p. 87)[21]. Voici peut-être une forme de panthéisme admissible pour un romancier dont le monde, quoi qu'il en ait dit pour se disculper, jaillit en images sonores et bigarrées, de son esprit complexe possédant, à l'instar du Baudelaire d'*Assommons les pauvres !*, un démon affirmateur (et non prohibiteur comme celui de Socrate).

Willm et son lecteur auraient sans doute été plus avisés de prendre connaissance de la déclaration faite en 1845 par le philosophe et que porta à la connaissance du public français un article d'Alexandre Thomas[22] : « Le dernier mot de la

20. La note de Barbey commence par « Il nie entre, etc. ». Joël Dupont ne signale pas que c'est Schelling qui nie. Il est hors de propos de corriger Willm sur ce point en expliquant ce qu'enseigne *Philosophie et religion* au sujet de la notion de non-être, ce lieu de l'altérité qui n'est pas à confondre avec le néant pur et simple. Plus tard, Schelling expliquera que le fond est non-étant par rapport à ce qu'il fonde (*Grundlegung der positiven Philosophie,* p. 440).
21. Chez Willm, p. 283, fulgurations est en italiques. Là encore Joël Dupont ne signale référence ou auteur.
22. « Un nouvel écrit de M. de Schelling », in *Revue des Deux Mondes*, vol. XV, 1846, p. 352-353. Ledit écrit a servi de préface aux *Nachgelassene Werke* de Heinrich Steffens.

philosophie de la nature, c'est *l'immanence des choses en Dieu* : dans ce sens-là, elle est un panthéisme, mais un panthéisme inoffensif et innocent, s'il demeure purement contemplatif, s'il ne prétend fournir qu'une simple *exposition de l'être idéal et logique des choses* » (S X, p. 397).

III
L'abeille

En faisant intervenir l'abeille dans son exposé, Willm n'a fait qu'illustrer ce que dit Schelling au sujet de la connaissance vivante chez les animaux et dont voici le texte : « L'oiseau enivré de musique qui se surpasse dans l'animation de son chant, la petite créature artistiquement douée qui accomplit sans exercices ni leçon de légers ouvrages d'architecture, tous guidés par la surpuissance d'un esprit qui brille déjà en éclairs isolés de connaissance, mais sans apparaître nulle part, ainsi que chez l'homme, comme le plein soleil » (S VII, p. 300). Il n'est certainement pas interdit de supposer que Schelling a pensé plus particulièrement à l'abeille, surtout s'il a gardé en mémoire le vers de Virgile déclarant qu'une parcelle de l'esprit divin habite les avettes[23]. Il est question de l'abeille dans des

23. *Géorgiques,* IV, 220.

pages posthumes de Schelling portant sur l'instinct artisanal en tant que mode de l'instinct formateur général (S V, 573 ; VI, p. 466 ; X, p. 386-387) lequel conjoint liberté et conformation aux lois (S II, p. 527). On retrouve ici l'un des grands principes de la schellingienne philosophie de la nature élaborée de 1797 à 1800.

Bien que la production naturelle soit tout à fait aveugle, son produit nous paraît finalisé comme si la nature avait, dans une intention souveraine, visé l'objet, comme si la nature était l'esprit visible (S II, p. 380). Il est propre à la philosophie romantique de la nature de spiritualiser les lois de cette dernière en sorte d'en faire des lois de l'intelligence. Sans nier le mécanisme qui régit le monde objectif, il y aurait lieu de soupçonner une unité sous-jacente de matière et d'esprit. Pour autant que la nature est un organisme (S III, p. 206) qui comprend des organismes, c'est-à-dire des entités dont les éléments ne sont pas juxtaposés, mais ajointés de sorte que l'idée du tout y prévale sur les particuliers, l'élément synthétique peut être dit vitalisant. Il y a vie lorsque l'organicité s'explique par l'action réciproque des éléments dont l'objet se compose en sorte que l'idée du Tout implique l'idée de finalité. Or toute action dans la nature est réciproque (S II, p. 405). Schelling en déduit une unité absolue de la nature et de l'esprit : « Nous sommes en présence d'une union absolue de la nature et de la liberté dans un seul et même être ; l'organisation vivante de la nature doit être un produit de la *nature*, mais en sorte que ce produit soit régi par un *esprit* ordonnateur et ajointeur » (S II, p. 48). Ce n'est pas parce qu'un organisme se constitue dans une totale inconscience, instinctivement par exemple, qu'il le fait sans intelligence. L'intelligence est productive soit consciemment, soit inconsciemment (S III, p. 271). Il y a intelligence dès lors qu'il y a sens, à la fois orientation et signification. La plante anticipe, réagit, sait ce qu'elle est en train de faire sans qu'elle se sache réflexivement. Elle sait sans distance. En elle, à l'inverse de l'homme, l'activité consciente est immergée dans l'inconsciente. « Chaque plante est entièrement ce qu'elle doit être, le libre en elle est nécessaire, et le nécessaire est libre. L'homme, lui, est un éternel fragment » (S III, p. 608).

Schelling, à la vérité, n'attribue d'intelligence à la nature que sur un mode mineur, comme « intelligence pétrifiée » (S IV, p. 77), mais le fait qu'il qualifie d'intelligence immature (*unreif*) la nature inanimée, ou morte (S III, p. 341), suffit à marquer que le stade de la pleine maturité s'annonce dans l'organisme vivant avant de s'accomplir dans l'homme. Pour reprendre l'exemple de la plante, Schelling constate judicieusement qu'en tant qu'organique, elle est production d'elle-même, à la fois cause et effet, ce qui fait d'elle « un symbole de l'intelligence » (S III, p. 490). L'intelligence quant à elle ne tire pas, comme la plante, la matière de sa production de la nature environnante, mais seulement d'elle-même. On la dira donc pour cela absolue. Relative, elle l'est dans l'organicité naturelle. De là l'excellente définition de l'intelligence : « un effort infini de s'organiser » (S III, p. 491), définition qu'il convient de mettre en rapport avec la constatation que l'univers se structure lui-même à partir d'un même centre (S I, p. 386).

IV
Le fond de Dieu et le mal de l'homme

Je reproduis ci-après quelques passages de l'ouvrage de Willm consacrés à la théorie schellingienne du fondement de Dieu dans son rapport au mal. Bien qu'ils ne rendent pas justice au philosophe, ce sont les intuitions qu'ils contiennent que Barbey a absorbées avec avidité. Le segment qui a servi de matière au premier chapitre du présent essai s'affiche dans son contexte.

« Il distingue en Dieu le *fondement* et l'*existence* ; il suppose encore en Dieu la différence qu'il prétend expliquer, puisqu'il en déduit le monde et ses différences. Les choses, dit-il, diffèrent de Dieu *toto genere*, infiniment : elles doivent donc avoir un autre fondement, un autre principe que Dieu. Mais rien n'étant hors de Dieu, cette contradiction ne peut se résoudre que si l'on admet que les choses ont leur principe dans *ce qui en Dieu n'est pas Dieu lui-même*[24]. Ce quelque chose qui est en Dieu, et qui n'est pas lui-même, est le fondement ou le principe de sa propre existence. Or, comme il n'y a rien antérieurement à Dieu, et rien hors de Dieu, il faut bien que le principe de son existence soit en lui-même. Ce principe n'est pas Dieu en tant qu'il existe : c'est la nature de Dieu, un être inséparable de lui, et pourtant distinct de lui. Dans le fondement ou le principe de Dieu, est déjà implicitement renfermée son existence ; mais celle-ci ne s'en dégage, ne se réaliste que par un désir d'exister, la *soif d'existence*. La nature virtuelle ou primitive de Dieu étant le principe éternel de son existence, elle renferme, quoique caché, l'Être divin, à peu près comme dans les ténèbres d'un abîme brille un éclair de vie[25]. Cette évolution de Dieu opère insensiblement, et les divers degrés de cette évolution constituent les formations diverses de la création, ainsi que les différences entre l'esprit et la matière, la liberté et la nature, le bien et le mal » (W, p. 327).

24. *Untersuchungen über die Freiheit,* dans le t. I des *Philosophische Schriften*, p. 431 [S VII, p. 359].
25. *Untersuchungen über die Freiheit*, p. 434 [S VII, p. 360].

« Appliquant à Dieu lui-même la loi de la causalité, il le fait naître, pour ainsi dire, de quelque chose qui n'est pas lui en acte, mais en puissance seulement. Au-dessus de l'existence et de ce qui en est le *fondement* immédiat (*der Grund*), il imagine un principe plus élevé, plus abstrait, qu'il appelle le *fondement primitif* (*der Urgrund*), ou ce qui est sans cause ou *sans fond* (*der Ungrund*), essence absolument pure, une et identique, qui est indifférence absolue. Tel est le principe suprême, principe semblable à l'*unité* absolue des Néoplatoniciens ou au *Zéruané Akéréné*[26] du Parsisme, d'où M. de Schelling prétend en définitive déduire Dieu et toutes les différences » (W, p. 328).

« Quant à la liberté morale, considérée comme une faculté réelle, M. de Schelling, dans l'ouvrage qu'il a spécialement consacré à cette grande question, la déclare incompatible avec l'idée de l'évolution de l'absolu identique, et néanmoins il cherche à la sauver, à la maintenir dans un certain sens. “Il est de la dernière importance, dit-il[27], de voir ce que devient l'idée de liberté dans le système universel : c'est la seule manière de bien déterminer cette notion, et c'est par là seulement que la phi-

26. Soit Zurvan akarana, le temps infini ou inconditionné, dans la mythologie de l'antique Iran. Entité qui, dans le zervanisme, sera considérée comme l'origine absolue des divinités du bien et du mal. Schelling y fait allusion dans sa *Philosophie de la mythologie* (S XII, p. 220) (J.H.)

27. *Von der Freiheit,* p. 401-404 [S VII, p. 338-339].

losophie a du prix. C'est le besoin de résoudre ce grand problème qui a été le mobile secret de toute étude philosophique... Si le panthéisme n'est autre chose que la doctrine de l'*immanence* des choses en Dieu, tout système de la raison y conduit dans un sens ou dans un autre ; mais l'essentiel, c'est le sens qu'on y attache. Sans doute le panthéisme peut se concevoir comme fatalisme, mais il ne se conçoit pas ainsi nécessairement. Ce qui le prouve, c'est que beaucoup de penseurs y ont été poussés précisément par le plus vif sentiment de la liberté. La plupart, s'ils étaient sincères, conviendraient que, selon leur manière de voir, la liberté individuelle leur paraît en contradiction avec presque tous les attributs d'un être suprême. Avec la liberté, en effet, est posée, à côté de la toute-puissance divine, une puissance d'action absolue dans son principe, ce qui implique[28]. Une causalité absolue étant attribuée à un être ne laisse à tous les autres qu'une absolue passivité. Ainsi que dans le ciel le soleil éteint toutes les autres lumières, ainsi la puissance infinie efface toute puissance finie. A cela se joint la dépendance où tous les êtres sont de Dieu, et par laquelle leur durée est une création constamment renouvelée. Dire que Dieu retient en quelque sorte sa puissance, pour que l'homme

28. *Sic.* Manque : « ...une impossibilité d'après les notions que nous avons indiquées ». Il y a des phrases que Willm n'a pas reproduites et d'autres dont il intervertit l'ordre (J. H.)

puisse agir librement, cela n'explique rien ; car si Dieu suspendait un instant son action[29], l'homme cesserait d'être aussitôt". En présence de cette argumentation, il n'y a, selon M. de Schelling, qu'un moyen de sauver la liberté humaine : "C'est de transporter l'homme avec sa liberté dans l'être divin lui-même, et de dire que l'homme est en Dieu, que son activité fait partie de la vie divine. C'est ainsi que dans tous les temps les mystiques et les âmes religieuses sont arrivés à la foi dans l'unité de l'homme avec Dieu, et cette foi semble tout aussi bien satisfaire le sentiment que la raison spéculative" » (W, 329-330). L'attaque que Willm dirige alors contre Schelling ne fait pas mouche. Il croit que ce dernier attribue toute l'activité à Dieu, alors qu'en fait, il ne fait, dans le paragraphe cité, que développer les implications de l'opinion commune qui est entre autres celles de l'Aquinate pour qui Dieu est la cause opérante de tout ce qui opère[30].

« Pour éviter le dualisme, M. de Schelling est réduit à placer l'origine du mal dans l'absolu lui-même, compromettant ainsi soit la réalité du mal, soit l'idée de Dieu comme être tout parfait. Le mal, s'il est réel, ne peut être attribué à Dieu, et cependant, selon ce système, il n'y a rien hors de Dieu, ni hors Dieu (*nihil extra, nihil præter deum*) ; il faut donc ou nier le mal ou le réduire à quelque

29. Il faut lire ici : « puissance » (*Macht*) (J. H.)
30. *Somme contre les Gentils*, III, 67.

chose qui ne soit pas Dieu. Or c'est là ce que M. de Schelling appelle le *fondement* ou le principe de Dieu, qui n'est pas Dieu existant *actuellement,* et qui pourtant n'est pas hors de lui, Dieu ayant nécessairement son principe en soi : c'est la *nature en Dieu* (*die Natur in Gott*), un être inséparable, mais distinct de lui[31]. Dieu, pour exister, a besoin d'un principe qui, bien qu'il soit en lui, diffère néanmoins de lui. C'est là qu'est l'origine du mal. Ainsi deux principes sont nécessaires à la manifestation de Dieu ; rien ne peut se manifester que par son opposé, l'amour par la haine, l'unité par la désunion, la perfection par l'imperfection. C'est un retour au dualisme sous une autre forme, et par là même que l'unité se divise, elle s'évanouit. De cette manière, Dieu, en tant qu'il *existe*, est à la vérité absous du mal, mais il y est sujet lui-même, et il n'est justifié qu'aux dépens de sa souveraineté absolue. Ainsi le Dieu de M. de Schelling est sujet à un destin ; il a besoin de naître, il est passif, il n'est pas l'être suprême, et la question à résoudre est restée sans solution » (W, p. 332-333).

J'ai déjà cité la suite immédiate : « Mais qu'importe au fond cette question du panthéisme ? Selon le principe de l'identité, il n'y a pas de réelle différence entre le bien et le mal, et fidèle à cette doctrine de la coïncidence des opposés, M. de

31. *Von der Freiheit,* p. 429 [S VII, p. 358].

Schelling a pu dire que le bien et le mal sont identiques. Voici ce passage important de son traité de la *Liberté*[32] : « S'il n'y avait pas dans un corps un principe de froid, il ne serait pas sensible au chaud. Il est impossible de concevoir une force d'attraction et de répulsion prise en soi : elle se supposent réciproquement. C'est pour cela que *dialectiquement* parlant, il est juste de dire que le bien et le mal sont identiques, une seule et même chose envisagée sous deux aspects, ou que le mal considéré en soi, c'est-à-dire, dans la racine de son identité, est le bien, de même que d'autre part le bien, considéré dans sa désunion, dans sa non-identité, est le mal. C'est pour cela qu'on a raison de dire que celui qui n'a pas en lui de force pour le mal, est aussi incapable de bien. Les passions auxquelles notre morale négative fait la guerre, sont issues d'une même racine avec les vertus qui y correspondent. L'âme de toute haine, c'est l'amour, et la colère la plus violente n'est que le calme troublé et excité dans son centre le plus intime. Dans une juste mesure et dans leur équilibre organique, les passions sont l'énergie de la vertu même et ses instruments immédiats » (W, p. 333-334).

« Du reste, M. de Schelling veut que la morale ne soit fondée uniquement ni sur le devoir et le respect de la loi, ni sur le sentiment et l'amour[33].

32. Là même, p. 489 [S VII, p. 400-401].
33. *Von der Freiheit*, p. 478 [S VII, p. 392].

La morale du sentiment, selon lui, sans celle du devoir, est une fleur sans fruit ; mais cette dernière ne suffit pas non plus. La vraie moralité n'est pas l'effet d'une libre activité réglée sur la loi ; elle est le résultat d'une nécessité intérieure et divine. Celui-là n'est pas réellement vertueux qui est dans le cas de s'enquérir d'abord de ce que commande le devoir ; l'homme vertueux est celui qui se sent dans l'impossibilité de faire autre chose qui ce qui est bien » (W, p. 335).

« Le mal moral, dit-il ailleurs, ainsi que la maladie, n'est pas une chose réelle, mais un fantôme, un phénomène, un météore[34]. Selon d'autres passages, le mal ne peut jamais se réaliser ; ce n'est qu'une tendance au mal. Le péché est un produit qui tend à l'existence, et qui n'est jamais réellement, qui donne l'apparence de la réalité, comme le serpent emprunte de la lumière ses trompeuses couleurs[35] » (W, p. 334). Je ne puis m'empêcher de signaler un nouvelle erreur de Willm car elle touche à l'essentiel : le péché existe bel et bien pour Schelling ; ce qui aspire à l'être sans y parvenir est en réalité le dieu inversé, le diable si l'on veut, non pas celui qui s'emploierait à implanter l'enfer en creux dans le ciel, mais celui qui, en superbe rival de Dieu, s'efforcerait qu'il n'y eût que l'enfer : pandémonisme. Le vocable se lit chez

34. *Von der Freiheit*, p. 441 [S VII, p. 366].

35. Là même, p. 456, 457, 461, 474 [S, VII, p. 376-377, 381, 390].

Schelling (S VII, p. 356) et ne se prend guère dans le sens d'un collectif d'idoles païennes ou simplement d'une divinisation de toutes les forces de la nature. La notion de mal y est fortement attachée de par le contexte. Le pandémonisme se présente comme le pendant négatif du panthéisme : Satan y serait tout en tous. S'il devait rester quelque chose du ciel en creux dans l'enfer, ce serait uniquement la trace du désespoir universel car tout le monde n'aura traversé qu'une seule fois l'Achéron.

Table des matières

601658 - Mars 2015
Achevé d'imprimer par